또 하나의 나,
감정이

김민경 지음

KB090995

적는 즉시
감정이 정리되는
Q&A 다이어리북

"나를 이해하니 마음이 편해졌다"

정신과 전문의가 실제 상담에서 사용하는 질문에 따라
나에게 묻고 답하며 스스로 마음을 회복하는 감정 해결책

호우야

당신이 감정에
솔직했으면 좋겠습니다

"오늘 기분은 어떤가요?" 상담실에서 제가 자주 물어보는 질문입니다. 그런데 의외로 이 질문에 어떻게 답해야 할지 모르겠다고 하는 분들이 많아요.

"글쎄요. 그저 그래요."
"잘 모르겠어요. 그냥 무덤덤한 것 같기도 하고…."
"평소에 잘 생각해보지 않았어요. 그런데 편하지는 않아요."

상담실에는 다양한 이유로 마음의 상처를 입은 분들이 찾아옵니다. 가족 간의 불화, 친한 친구의 배신, 과거의 사건으로 생긴 트라우마, 집단에서의 따돌림 등. 이런 분들에게 저는 '기분'을 물어보는 것이지요. 왜 그럴까요?

'관계' 속에서 받은 상처는 '내 감정'을 알아가는 과정에서 진정으로 치유되기 때문이에요. 그리고 내 감정을 제대로 마주하며 '나'를 온전히 이해할 수 있을 때 타인과 제대로 된 '소통'이 가능해집니다.

바쁜 일상을 보내는 현대인들은 자신의 감정을 들여다보는 것에 익숙하지 않습니다. 온종일 회사에서 혹은 집에서 주어진 스케줄을 무탈하게 소화하는 것만으로도 벅차서 감정을 살필 새가 없죠. 그렇게 외면받은 감정들이 차곡차곡 쌓이다 보면 어느 날 갑자기 더 이상 감정을 감당할 수 없는 순간이 찾아오게 됩니다.

"미친 듯이 화가 나요."
"저도 모르게 계속 눈물이 나요."
"하루 종일 불안하고 심장이 두근거려요."

소용돌이치는 감정에 힘들어하면서도 이유를 알지 못해 "저도 제 마음을 모르겠어요." "선생님, 제가 왜 이런 거죠? 선생님이 알려주세요"라며 답답해합니다.

감정이란 무엇일까요? 왜 내 감정을 알아야 할까요? 진짜 감정을 알려면 어떻게 해야 할까요? 이 책은 이러한 물음을 던지는 분들을 위한 책입니다.

나도 내 감정을 모르겠을 때, 감정 컨트롤이 안 될 때, 응어리진 감정을 해소하고 싶을 때 이 책을 펼쳐보세요. 그리고 내 마음에게 질문을 던지세요.

묻고 답하며 차근차근 빈칸을 채우다 보면, 어느새 어지러운 마음이 정리되고 내 안의 숨은 감정을 발견하게 될 거예요. 그리고 진짜 내가 원하고 바라는 것이 무엇인지 알게 될 거예요.

어떠신가요? 저와 함께 내면의 감정을 살펴볼 준비가 되셨나요?

정신건강의학과 전문의
김 민 경

다이어리 작성법

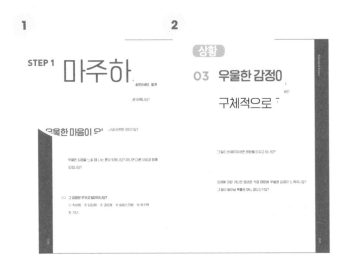

1. 3 STEP 질문

Q&A는 크게 '마주하기 - 깊이 보기 - 흘려보내기' 세 단계로 구성되어 있습니다.

❶ 마주하기: 내 마음을 전체적으로 살펴보며 현재 나의 감정 상태를 인지하는 시간입니다. 감정을 더 키우거나 깊게 빠져들지 말고 있는 그대로 바라보세요.

❷ 깊이 보기: 인지한 감정을 한 단계 더 깊게 들여다보며 이해하는 시간입니다.

❸ 흘려보내기: 감정을 인정하고 소화해 제대로 흘려보내는 시간입니다.

2. 키워드

2단계 '깊이 보기'는 '키워드'로 구분되어 있습니다. 나에게 해당하는 키워드를 찾고, 키워드에 해당하는 질문들에 답해보세요.

3. 감정 정리 팁

감정을 잘 이해하고 흘려보내는 데 도움이 되는 정신과 전문의의 팁입니다.

4. Q&A를 대하는 자세

❶ 이 책에는 '**정답**'도 '**오답**'도 없습니다. 내가 그렇게 느꼈다면 그것이 맞는 답입니다. 틀린 감정이란 없으니까요. 내가 느끼는 감정 그대로 솔직하게 적어보세요.

❷ 답을 할 때는 **실제 상담처럼** 대화를 나눈다고 생각하며 **최대한 자세하게 말하듯** 적어보세요. 'yes or no' 혹은 단답형으로 답변하면 내 안에 숨은 감정을 찾아내기 어렵습니다. 짧더라도 최대한 **서술형**으로 적어보세요.

❸ 모든 질문에 전부 답을 적어야 하는 것은 아닙니다. 나에게 해당 없는 질문은 패스하거나 '**나의 경우는 ~하다**'라고 적어보세요.

감정과
친해지기

01

표현하지 않고 참는 게
익숙하다면

아이들이 노는 모습을 본 적이 있나요? 아이들은 자신의 감정에 솔직합니다. 게임에서 이기면 함성을 지르고 뛰어다니며 온몸으로 기쁨을 표현하죠. 지면 세상이 무너진 것처럼 눈물을 뚝뚝 흘리며 슬픔을 드러냅니다. 고작 게임 하나 가지고 저렇게 기뻐하고 슬퍼할 일인가 싶다가도, 아이의 표정을 통해 '그래, 우리가 타고난 감정은 이런 것이었지!' 하고 깨닫게 됩니다.

보통의 어른들은 기쁨과 슬픔을 과하게 표현하지 않습니다. 감정을 잘 추스르고 절제하고 체면을 차리는 것이 몸에 배어 있는 탓이에요. 그러나 기쁨, 슬픔, 속상함, 억울함, 행복, 불안 등의 감정은 사람이 지니고 태어나는 기본적인 능력이에요. 감정을 있는 그대로 표현하는 것은 너무나 자연스러운 일이죠. 객관적으로 '그럴 만하다'라는 기준은 어디에도 없어요. 내가 기쁘면 기쁜 것이고, 내가 슬프면 그것이 슬픈 것입니다.

　내가 느끼는 슬픔을 그대로 인정하지 않으면 이에 대한 반복된 생각, 자책, 걱정들이 나를 끊임없이 힘들게 합니다. 기쁨도 마찬가지예요. 기뻐할 만한 상황에서도 행복과 기쁨을 온전히 누리지 못하는 사람들이 있습니다. 마치 즐거움을 느끼면 안 되는 사람처럼 계속 스스로를 검열하고 채찍질하는 것이죠.

　상담을 하다 보면 내담자들의 숨겨진 감정이 튀어나오는 순간들이 있습니다. 누군가가 감정을 같이 들여다보고 잘 들어줄 때 숨어 있던 감정이 얼굴을 내밀거든요. 짐짓 괜찮은 척, 씩씩한 척 버티고 있다가 숨겨져 있던 슬픔과 외로움이 드러나는 순간 당황합니다. "내가 원래 이러지 않는데…" 혹은 "제가 이런 사람이 아니거든요…"라고 말하면서요. 슬픔이나 외로움을 느끼는 것이 자신을 나약하게 만든다고 생각하는 거예요. 그런 감정을 느꼈다는 사실 자체를 수치스럽게 느끼는 것일 수도 있습니다.

　늘 단단한 갑옷으로 무장하고 지내왔다면 따뜻한 봄날에 얇은 티셔츠만 입고 있는 것이 어색하고 불편하게 느껴질 수 있어요. 그러나

계절에 따라 혹은 상황에 따라 내가 입는 옷이 달라지듯이, 바뀌는 상황마다 내 몸의 상태에 따라 다양한 감정을 느끼는 것은 지극히 자연스러운 것이고 정상적인 것이에요.

● **감정을 표현하면 생기는 변화**

사람의 감정은 러시아 민속 인형인 마트료시카를 닮았어요. 겉에서 볼 때는 그게 전부인 것 같지만 속을 열어보면 또 다른 인형이 들어 있죠. 이처럼 내 마음의 상태나 감정을 솔직하게 따라가다 보면 나도 몰랐던 내면에 더 가까이 갈 수 있습니다.

내담자 A는 평소에 화가 많은 사람이었습니다. 다른 사람들이 지나치게 자신에게 간섭하거나 참견하면 화가 치밀어오르고 그 감정을 억누르느라 평소에도 굉장히 많은 노력을 해야 했어요. 불편한 감정을 누르기만 하니 그런 감정이 느껴지는 관계에 예민하게 되고 새로운 환경에 적응하는 데도 어려움이 있었습니다.

그러다 상담실에서 자신의 감정에 대해 같이 살펴보고 글로 표현해보는 시간을 가진 뒤 변화되었어요. 자신이 분노라고 생각했던 감정에는 여러 가지 다른 감정들이 숨어 있었다는 사실을 알게 되었고, 자신의 진짜 감정을 깨닫고 나니 그 후로 사람들과의 관계가 한결 편안해졌습니다.

그리고 그동안 놓치고 있던 감사와 고마움 같은 새로운 감정에 눈을 뜨게 되었어요. 불편한 감정을 느끼지 않으려고 애쓰느라 주로 화, 분노, 짜증 같은 감정에만 잔뜩 신경 쓰며 살았는데, 마치 터질 듯 탱탱했던 풍선의 바람이 빠지듯 힘든 감정의 톤이 조금 줄어들자, 평소에는 대수롭지 않게 여기고 당연하다고 생각했던 타인들의 사소한 행동에 진심으로 고마움과 감사함 같은 긍정적인 감정을 느끼게 된 것이죠.

이렇듯 우리 삶은 다양한 감정들로 이루어집니다. 당연하게도 좋은 감정뿐만 아니라 불편한 감정을 통해서 우리는 현재의 삶과 연결이 됩니다. 그 감정을 섬세하게 알아채고 내면의 느낌을 인정해 나갈 때 나를 둘러싼 환경과 삶을 나에게 더 도움이 되는 방향으로 바꿔 나갈 수 있습니다.

불편한 감정을 숨기고 꾹꾹 누르다 보면 어느 순간 내가 원치 않을 때 갑자기 터져 나올 수가 있습니다. 그러니 불편한 감정을 부정하지 말고 나를 이루는 한 부분이라고 받아들이세요. 스스로 인정하고 담아내다 보면 오히려 그러한 감정에 깊이 빠지지 않고 흘려보낼 수 있게 됩니다.

02

나도 내 감정을
모르겠다면

"일주일이 대체 어떻게 흘러갔는지 모르겠어요."

"그냥 해야 할 일을 하다 보면 하루가 금방 지나가요. 제 기분이 요? 잘 모르겠어요."

"너무 지쳐요. 언제부터인가 삶이 재미없어요. 죽고 싶지는 않지 만, 그렇다고 왜 살아야 하는지 모르겠어요."

하루하루 살아가는 게 벅차지만 주위를 둘러봐도 다 그렇게 사 는 것처럼 보여서 '사는 게 다 그렇지' 하며 참고 살아가는 분들이 많습 니다. 이런 분들의 특징은 스스로가 어떤 상태인지 모른다는 거예요. 눈

앞에 닥친 업무나 현실에 급급해 내면의 감정에 관심을 가지지 않다 보니 스스로 어떤 기분을 느끼는지조차 잘 모르는 상태가 되는 거죠.

사실 현대인들의 대다수가 자신의 감정을 제대로 알지 못한 채 지내고 있어요. 소위 스펙이라고 통칭하는 학위나 자격증에는 자신이나 타인의 감정을 얼마나 세밀하게 살피고 공감하는지 등은 전혀 반영되어 있지 않죠. 사회에서는 지식의 축적, 각종 자격증 취득, 빠른 업무 파악 능력 등만이 높게 평가받기 때문에, 어쩌면 정말 중요한 감정을 이해하고 표현하는 것을 대수롭지 않게 여기는 것인지도 모르겠습니다.

내면의 감정을 들여다보지 않고 스스로 몰아붙이다 보면 어느 순간 위기가 찾아옵니다. 내 안의 슬픔, 화, 분노 같은 불편한 감정을 참고 억누르면 몸에 이상 징후가 나타나죠. 알 수 없는 답답함, 목 아래서부터 명치까지 이어지는 꽉 막힌 느낌, 한번 터지면 멈출 줄 모르는 눈물, 두근두근 불안하게 떨리는 가슴 등 신체적 통증이 생깁니다.

게다가 내면의 섬세한 감정변화에 스스로가 관심을 두지 않으면 감정들은 방어적인 행위로 나타날 수 있어요. 가장 흔한 것이 쉽게 짜증을 내거나 화를 내는 것입니다. 또한 강한 감정을 해소하기 위해서 스스로를 해치는 행동을 하기도 합니다. 폭식을 하거나 술, 담배, 게임에 몰두하는 것 등이죠. 일에만 몰두하는 워커홀릭 현상도 감정을 회피하기 위한 수단 중 하나예요. 어떠한 성과를 내기 위해서 혹은 좋은 점수를 받기 위한다는 명목으로 감정을 희생하는 것을 정당화하는 겁니다.

이처럼 평소와 다른 몸의 감각을 느꼈거나 또는 평소와 달리 방어적인 행동을 하고 있다면 내 안의 진짜 감정이 소용돌이치고 있다는 신호일 수 있으니 내 마음과 몸의 상태를 점검해보세요. 이는 이미 알려진 감정 단어와 내 상태를 연결시켜 보는 것으로 시작해볼 수 있습니다.

감정 이름표 찾기

감정은 인류 보편적으로 통하고 느끼는 것이기는 하지만 문화인류적 차이 혹은 남녀의 성별 차이 등이 존재하기도 합니다.

포유류의 감정과 정서를 연구하는 뇌 과학자인 자크 판크세프(Jaak Panksepp)는 감정의 체계를 7개로 나누었습니다. 추구(seeking/desire), 공포(fear), 분노(rage) 혹은 화(anger), 욕정(lust), 보살핌(care), 공황(panic) 혹은 슬픔(grief), 그리고 놀이(playfulness)입니다. 감정을 이용한 치료법인 AEDP(Accelerated Experiential Dynamic Psychotherapy, 가속 경험적 역동 치료)의 개발자인 다이애나 포샤(Diana Fosha)는 두려움, 분노, 슬픔, 혐오감, 기쁨, 흥분, 성적흥분 등 7개 핵심 감정으로 나누기도 했습니다.

학자마다 감정을 분류하는 방법이 조금씩 다르긴 하지만 공통적으로 주장하는 것은 사람은 매우 다양한 감정을 느낀다는 것과, 자신의 감정을 회피하거나 부정적 감정에 빠져 있는 것이 정신건강에 악영향을 미친다는 것이에요.

사람들은 자신의 감정을 회피하기 위해 각자의 방법을 사용하는데, 그 방법이 늘 일정하기 때문에 일종의 '패턴'을 가집니다. 배우자가 늦게 귀가하는 상황을 예로 설명해볼게요. 배우자와 오래 떨어져 있으면 보고 싶고 위로받고 싶고 도움받고 싶은 감정이 들 수 있습니다. 자크 판크세프의 이론에 따르면 추구(갈망)에 가까운 감정이죠. 그런데 그 마음을 전달했을 때 상대가 거절할까 봐 두려울 수 있습니다. 그것은 좀 확장해서 보자면 슬픔입니다. 어쩌면 공포일 수도 있어요. 홀로 남겨진다는 기분은 누구도 느끼고 싶지 않은 감정입니다.

이럴 때 사람들은 견디기 힘든 감정을 피하고자 그것을 덮는 목적으로 다른 감정을 사용합니다. 이는 무의식적으로 그리고 습관적으로 나타나는데 대부분 짜증, 화, 분노 같은 강한 감정으로 덮어버립니다. 그래서 늦게 온 배우자에게 짜증과 화를 퍼붓는 거죠. "도대체 뭐 하다가 이렇게 늦은 거야?" "양말을 아무 데나 벗어두면 누가 치우라는 거지?" "이렇게 집을 오래 비우면 아이들이 방치되잖아!" 분노는 강한 에너지를 가지고 있습니다. 누군가의 분노를 그대로 받아 소화하기란 여간 힘든 일이 아니죠. 분노의 대상이 된 상대는 똑같이 분노로 응수하게 됩니다. "내가 뭐 놀다가 늦은 줄 알아?" "양말은 치울 건데 왜 잔소리해?" "아이들은 나만 돌봐? 당신은 부모 아니야?" 이런 식으로 말이에요.

토론토대학의 심리학자인 수전 존슨(Susan Johnson)은 내면의 약하고 상처받기 쉬운 감정을 숨기기 위해 드러내는 감정을 '표면 감정'이라 말했습니다. 그리고 표면 감정을 하나하나 살피고 따라가다 보면 깊은 곳에 숨겨져 있는 감정을 찾아낼 수 있는데 이것을 '속감정'이라고 했습니다.

속감정은 대체로 약하고 상처받기 쉬운 감정인 슬픔, 외로움, 수치심 같은 것들이에요. 이 감정들은 깊숙이 숨겨져 있어서 쉽게 그 모습을 드러내지 않습니다. 그래서 스스로 '슬프다'라는 느낌을 인정하고 받아들이는 게 힘든 사람들은 갑자기 눈물을 뚝뚝 흘리는 자신의 모습을 발견하고 당황스러워하며 '아, 내가 슬픈 건가?' 이렇게 알아채기도 합니다.

상담을 시작하기 전에 '자신의 감정을 가족들에게 얼마나 잘 표현하는지'에 대해 파악하는 체크리스트가 있어요. 질문 중에는 '가족들 중 누군가가 한 구성원의 마음을 알아주는 것이 매우 중요하다' '나는 화가 날 때 가족들에게 표현하는 편이다' '나는 슬플 때 가족들에게 표현하는 편이다' 등이 있습니다.

'가족들 중 누군가가 한 구성원의 마음을 알아주는 것이 매우 중요하다'와 '나는 화가 날 때 가족들에게 표현하는 편이다'에는 높은 점수를 준 사람들도 '나는 슬플 때 가족들에게 표현하는 편이다'에는 낮은 점수를 주는 경우가 아주 흔합니다. 그 이유를 물어보면, 슬픔을 전달했을 때 "상대방이 나보다 더 걱정하게 될까 봐 불편하다" "나도 슬픈데, 상대가 나보다 더 슬퍼하면 그것이 더 힘들다"라고 말합니다.

실제로 슬픔은 너무나 약한 감정인 동시에 잘 공유되는 감정이어서 가까운 사람이 슬퍼하면 그것은 때때로 큰 고통으로 다가와요. 타인의 슬픔이 자신의 탓이라는 생각이 들기도 하고 더 나아가 해결해주지 못하는 자신을 탓하기도 합니다.

그래서 우리는 종종 화를 내는 사람보다 슬퍼하는 사람을 대하는 것을 더 어려워 합니다. 눈물을 흘리며 슬퍼하는 아내를 어떻게 위로해야 할지 몰라서 두려운 남편은 "나도 힘드니 그만 슬퍼해" "어린애같이 언제까지 그렇게 울 거니?" 등의 가시 돋친 말을 하지만, 남편의 속마음을 찬찬히 들여다보면 사실은 '당신이 슬퍼하면 나도 같이 슬퍼지고 외로워져' '당신이 슬퍼하는 게 내 탓인 것 같아서 나도 고통스럽고 같이 슬퍼'라는 마음에 다다르게 됩니다. 남편은 슬프다는 약한 감정을 표현하면 아내가 자신을 약하고 여리게 볼까 봐, 혹은 같이 슬퍼하면 한없이 무너지게 될까 봐 두려운 것이에요.

화, 짜증, 분노 같은 표면 감정에 빠져들면 관계가 쉽게 어긋나고 그 과정에서 상처를 받게 됩니다. 반면 내 안 깊이 숨겨진 속감정을 찾아내면 신기하게도 다른 사람들과 소통하는 것이 더 이상 어렵지 않아요. 스스로 내 감정을 알아차리고 인정하고, 그것을 안전한 사람에게 터놓고 표현했을 때 그 감정은 위로받고 옅어질 수 있습니다. 그리고 타인의 깊은 감정도 더 잘 이해하고 적극적으로 받아들일 수 있게 됩니다.

03

이유 없이
몸이 아프다면

간혹 몸이 아파서 병원에 갔는데 별다른 원인 없이 '스트레스' 때문이라고 진단을 받을 때가 있습니다. 흔히 스트레스를 감정의 한 종류라고 생각하기 쉽지만, 심리학에서는 스트레스를 감정에 의한 '반응'으로 봅니다.

우리가 살아 있다는 것은 바꿔 말하면 '늘 스트레스가 있는 상태'라고 할 수 있습니다. 스트레스가 꼭 나쁜 것만은 아닙니다. 시험 한 달 전에는 느긋해서 공부가 잘 안되다가도, 시험 하루 전날은 신기하게 영어단어나 내용들이 쏙쏙 잘 암기되던 경험을 다들 한 번씩 해보셨을 거예요. 긴장을 하면 평소에 하지 못했을 일들도 해낼 수 있으니 이 정도의 스트레스는 오히려 우리 삶에 도움이 되는 것이죠.

그러나 과한 스트레스는 고통을 유발합니다. 저명한 뇌 과학자인 안토니오 다마지오(Antonio Damasio)는 '사람의 감정 혹은 느낌이란 것은 장 신경계와 매우 밀접하게 연결되어 있다'라고 주장했어요. 기분을 조절하는 세로토닌이 장 신경계에서 95퍼센트가 생성된다는 점을 언급하며, 소화관의 질병은 기분과 관련된 질병과 상관관계를 보인다고 했죠.

예부터 쓰여온 관용구에는 '애(창자)가 탄다' '복장(가슴의 한복판)이 터지다' 등 신체와 관련된 감정 표현들이 많이 있습니다. 뇌 과학이 발달해있지 않았던 과거에도 선조들은 마음이 슬프면 신체가 불편하다는 것을 이미 알고 있었던 것이지요.

상담실을 찾는 분들에게 "지금 감정이 어떠세요?"라고 물어보면 '슬프다, 외롭다, 화가 난다' 등의 구체적인 감정을 잘 표현하지 못하는 분들이 "가슴이 답답하다" "뱃속의 장이 꼬이는 거 같다" "목이 막힌다" 등의 신체 반응으로 대답하는 경우가 많은 것도 같은 맥락입니다.

역으로 신체 반응을 통해 현재의 감정을 알아차리는 것도 가능합니다. 예를 들어 길을 건너다 교통사고를 당한 사람은 이후 사고 현장과 비슷한 곳에 가면 심장이 뛰거나 몸이 경직되게 됩니다. '아, 이전에 사고를 당한 길이라서 내가 지금 불안하구나!'라고 알아채기도 전에 우리 몸이 먼저 반응하는 것이죠. 이것을 '암묵기억'이라고 해요. 비슷한 상황이나 단서에서 뇌가 위험을 감지하고 스트레스 호르몬을 분비하게 되고, 이에 영향을 받은 장 신경계가 뇌로 신호를 보내는 거예요. 외부 스트레스에 우리가 어떤 감정을 느끼느냐에 따라 내 신체 반응이 다르게 나타나고 때로는 신체 반응을 통해 우리는 감정을 뒤늦게 깨닫게 될 수도 있는 것입니다.

저 역시도 비슷한 경험이 있어요. 같이 일하던 직원들과 함께 패키지여행을 갔을 때였습니다. 단체 여행의 특성상 아침 일찍 식사를 하고 관광버스로 장시간을 이동해야 했는데, 이른 아침 마셨던 진한 커피 때문이었는지 버스를 타고 가던 중 그만 배탈이 나고 말았어요. 고속도로를 달리던 중이라 화장실에 갈 수 없어 식은땀을 흘리며 조마조마한 마음으로 한참을 견뎌야 했습니다. 지금 다시 생각해보아도 저에겐 정말 아찔한 순간이었어요!

그 사건 이후에 한동안은 대중교통을 타고 먼 거리를 이동해야 하는 상황이나, 여럿이서 식사하는 상황이 생기면 장이 종종 불편해지는 경험을 했습니다. 패키지여행과 비슷한 상황이 발생하면 그때의 기억으로 저도 모르는 사이에 스트레스를 받아 호르몬의 영향을 받은 장이 불편해진 것이에요. 그제야 '아! 내가 지금 조금 불안한 상태구나!' 하고 스스로 깨닫게 되었습니다.

트라우마에 대한 여러 연구 결과에 따르면 반복된 트라우마에 노출되었거나 부정적인 감정을 많이 느낀 경우, 몸의 스트레스 반응이나 면역체계에 영향을 미쳐서 다양한 질병이 발생할 가능성이 높다고 합니다. 특히 어린 시절의 트라우마를 겪으면 자가 면역 질환이 발생할 확률이 높은 것으로 알려져 있습니다. 부정적인 감정이나 불행한 일을 겪는 동안에 몸의 면역체계가 지속적으로 스트레스 호르몬에 노출이 된 탓에 자신의 세포를 공격하는 식의 교란이 생기는 것이죠.

어린 시절의 불행이 삶의 전반에 걸쳐 큰 영향을 끼친다고 해서 성인들이 겪는 스트레스나 불행을 가볍게 봐도 된다는 것은 절대 아닙니다. 수십 년 전만 해도 성인의 뇌는 이미 성장이 끝나 잘 변화되지 않는다고 보았지만, 최근 뇌 과학 연구들에서는 성인들의 뇌도 어떤 경험을 하느냐 누구와 관계를 맺느냐에 따라 변화의 가능성이 있다고 합니다.

● **부정적 감정에서 빠져나오는 방법**

기분이 우울하거나 불안하면 행복감을 느끼는 세로토닌 분비가 줄어들고 활동량이 줄어들며 위축되게 됩니다. 식욕도 없어지고, 잠도 잘 이루지 못하죠. 이럴 때 누군가로부터 위로나 격려를 받지 못하고 혼자 지내는 시간이 길어지다 보면 지속된 스트레스와 그로 인한 신체 반응이 다시 부정적 감정을 불러일으키며 꼬리에 꼬리를 무는 악순환에 빠지게 됩니다. 이 고리를 끊으려면 어떻게 해야 할까요?

마음의 창 키우기

UCLA 의대 교수인 대니얼 시겔(Daniel J. Siegel)은 스트레스를 효과적으로 처리하는 방법에 대해 내성 영역(window of tolerance)이라는 개념으로 설명했습니다. 내가 감당할 수 있는 스트레스의 범위를 어떤 영역 혹은 범위로 표현한 것인데요, 내성 영역을 '마음의 창'이라고 생각하면 이해하기 쉽습니다.

마음속에 큰 창문이 있다고 상상해보세요. 마음의 창보다 작은 스트레스나 불편한 감정들은 밖으로 문제없이 잘 빠져나가지만, 마음의 창보다 큰 스트레스나 감정은 빠져나가지 못하고 안에 남아 통증을 유발해요. 마음의 창은 크기가 고정되어 있지 않고 여러 요인으로 줄거나 커질 수 있기 때문에, 마음의 창이 줄어든 상태라면 평소 잘 넘어갔을 만한 작은 자극이나 스트레스에도 고통을 느낄 수 있어요.

내 마음을 잘 알아주고 내 감정을 받아 줄 수 있는 안전한 누군가(사랑하는 사람, 가족, 지인, 멘토 등)에게 감정을 표현하면 마음의 창이 넓어지게 됩니다. 그런데 안타깝게도 쉽게 마음의 창이 작아지고 부정적 감정에 휩싸이는 사람들일수록 누군가에게 편안한 위로를 받아본 경험이 적고, 누가 안전한 사람인지 알지 못합니다. 그럴 때는 믿을 만한 전문가를 찾아 심리 상담을 받아보는 것도 대안이 될 수 있지만, 가장 좋은 방법은 스스로 감정을 살펴보는 것이에요. 나의 몸과 마음을 살피고 감정을 표현해보고 내면에 위로를 건네는 것이죠.

하지만 이미 부정적인 감정에 너무 심하게 압도되면 감정을 살피는 게 만만치 않습니다. 그럴 때는 우선 신체의 감각에 집중하고 몸을 편안하게 만드는 데 집중하는 게 도움이 됩니다.

"마음이 아프고 속상해서 목이 꽉 막힌 거 같아요."
"병원에서는 문제가 없다는데 머리가 계속 아파요."
"며칠째 잠을 잘 못자요."

너무 슬프거나 극심한 외로움을 느끼면 실제로 가슴이 답답하거나 체한 것처럼 속이 더부룩하죠. 이런 불편한 느낌을 무디게 만들기 위해 자극적인 음식을 찾거나 술을 마시려고 해요. 그렇지만 이러한 자기 파괴적 행동들은 이후 죄책감을 불러일으키고, 죄책감을 외면하기 위해 다시 같은 행동을 반복하는 무한 루프에 빠지게 됩니다. 몸이 보내는 신호를 놓치지 않고 내면의 감정을 살피는 연습을 통해 느껴지는 감정을 그때그때 수용하다 보면 불편한 감정에 몰입해서 빠져드는 것을 줄일 수 있어요.

안전지대 만들기

힘든 감정을 깨닫고 집중하다 보면 한동안 그 감정에 사로잡혀

괴로울 수 있습니다. 그럴 때는 가장 행복했던 순간, 즐거웠던 기억을 살펴보고 이미지로 떠올려보세요. 부정적 감정에 깊게 빠져들지 않도록 즐거움, 기쁨, 행복 같은 긍정적 감정을 일종의 '안전지대'로 이용하는 거예요. 무겁고 힘든 감정으로 힘들 땐 행복한 기억을 떠올리며 안전지대로 잠시 피해 마음의 안정을 찾고 힘든 감정과 마주할 힘을 충전해 보세요.

04

있는 그대로
느끼고 받아들이기

내담자들과 만나는 공간에는 소파와 테이블이 있습니다. 그리고 테이블 위에는 화사한 조화와 앙증맞은 크기의 다육식물 화분이 있어요. 소파에 앉으면 자연스레 눈이 가는 곳이지요. 재미있는 점은 내담자들의 기분 상태에 따라 이 화분이 눈에 띄기도 하고 띄지 않기도 한다는 것이에요.

심한 우울감과 불면으로 상담을 시작했던 H는 상담에 올 때부터 어깨가 처져 있었어요. 주변에서 벌어진 안 좋은 사건을 모두 자신의 탓으로 돌리느라 자책이 심하고 우울한 감정이 깊었습니다. 우울증 치료를 시작하면서 천천히 자신의 감정을 돌아보기 시작한 지 두 달쯤 지났을 때, 상담실에 들어선 H가 이렇게 인사를 건넸습니다. "와! 선생님, 테이블에 화사한 꽃이 있네요?" 그동안 주위를 둘러보거나 긍정적인 감정을 느낄 여유가 없었던 H의 시야에 그날 처음으로 테이블 위의 꽃이 들어온 겁니다.

우울한 감정을 마주하고 살피다 보면 점차 부정적이고 불편한 감정들이 옅어지면서 긍정적 감정들의 싹이 올라오기 시작합니다. 긍정적 감정, 즉 행복이나 기쁨, 즐거움 같은 감정들은 로또 당첨 같은 엄청난 행운이 있어야지 나에게 주어지는 것이 아니에요. 늘 내 주위에 있고 내가 시선을 좀 더 넓게 가지면 얼마든지 행복을 느낄 수 있어요. 꽃이 늘 그 자리에 있더라도 우리가 그것을 바라볼 때만이 꽃의 아름다움과 그 아름다움을 보는 기쁨을 느낄 수 있는 것처럼요.

모든 감정이 당신에게 소중하다는 것을 잊지 마세요. 힘든 감정도 충분히 그렇게 느낄만한 이유가 있기 때문에 드는 것입니다. 대신 슬픔, 외로움, 분노 같은 부정적 감정을 견뎌내느라 지나치게 많은 에너지를 사용하지 마세요. 그저 느껴지는 감정을 있는 그대로 받아들이며 '내가 많이 우울하다, 미치도록 외롭다, 굉장히 슬프다'라는 것을 인정하고 '그럴 수 있지, 내가 지금 좀 힘든 상태구나!'라고 수용하면 좀 더 감정을 넓게 볼 수 있는 시야가 생깁니다. 그러면 마음이 느슨해지고 여유가 생겨 내 마음의 작은 공간을 비집고 들어오는 긍정적 감정을 발견할 수 있게 됩니다.

시야를 넓히는 것은 결심한다고 하루아침에 되는 일은 아니에요. 일상에서 감정을 있는 그대로 받아들이는 꾸준한 노력이 필요합니다. 가장 즉각적인 방법은 신체 감각에 변화를 주고 이를 느끼는 것입니다. 내 오감이 편안함을 느끼는 순간을 찾는 것부터 시작해보세요.

시각

나에게 편안함과 안정감을 주는 장소나 기억 속 장면이 있나요? 시각화된 이미지는 매우 강력하기 때문에 부정적 감정에 압도되었을 때 정말 유용하게 사용할 수 있습니다. 긍정적인 감정과 연관 있는 이미지일수록 좋습니다. 푸른 숲, 바다 혹은 확 트인 광장처럼 내가 좋아하는 장소를 떠올리거나 사랑하는 사람과 함께 여행을 갔던 장면을 떠올려보세요. 가장 좋은 방법은 그곳을 방문해 직접 눈에 담는 것입니다. 부정적 감정에서 벗어날 수 있는 새로운 감정의 문이 열릴 거예요.

청각

심하게 스트레스를 받거나 매우 화가 날 때 사람들은 종종 귀가 먹먹하고 타인의 목소리가 잘 들리지 않는다고 말합니다. 실제로 사람의 목소리는 생활 소음과 비교할 때 상대적으로 고주파에 해당하기 때문에, 사람의 목소리를 잘 들으려면 중이(고막과 달팽이관 사이에 있는 귀의 내부 공간) 근육이 수축해야 하는데, 그것은 몸이 이완되고 마음이 편안한 상태에서 가능합니다. 자동차 경적이나 공사 소음처럼 저주파에 해당하는 소리는 우리 몸을 긴장하게 만들어요. 부정적 감정에 압도되어 소리가 잘 들리지 않고 멍한 느낌일 때 자연의 소리나 편안한 음악, 부드러운 목소리가 나오는 라디오, 오디오북 등을 들으면 몸이 이완되는 데 도움이 됩니다.

촉각

사람들은 슬퍼하는 사람을 위로할 때 본능적으로 가만히 안아주거나 등을 토닥입니다. 머리카락을 부드럽게 쓸어주기도 하고요. 유명한 진화론자인 옥스퍼드 대학의 로빈 던바(Robin Dunbar) 교수는 실제로 피부를 초당 5센티미터의 속도로 쓰다듬으면 기분이 좋아지는 물질이 분비된다는 사실을 실험으로 증명했습니다. 배가 아플 때 엄마가 살살 쓸어주면 통증이 잦아드는, 일명 '엄마 손은 약손'이라는 말이 과학적 근거가 있는 셈입니다.

부정적 감정에 휩싸여서 힘들 때 스스로 몸을 토닥이거나 손등을 손바닥으로 부드럽게 마찰시키며 쓰다듬으면 기분이 한결 나아집니다. 따뜻한 물에 목욕을 하거나 피부에 자연스러운 자극을 주기 위해 물에 둥둥 떠 있는 방법 등도 효과가 있어요. 반려동물을 키우고 있다면 동물의 털을 가만히 쓰다듬으며 따뜻한 털의 감촉을 느껴볼 수도 있습니다.

후각

후각은 강렬한 '감정기억'을 남기는 경우가 많습니다. 혐오 자극의 경우에는 평생 단 한번 맡은 냄새임에도 평생 기억된다고 해요. 후각의 예민도나 특정 냄새와 관련한 감정기억은 사람마다 다르며, 후각과 관련된 기억은 대체로 암묵기억의 형태로 저장이 됩니다. 일종의 무의식이라고 할 수 있죠.

책 읽기를 좋아하는 사람이라면 도서관이나 서점에 들어섰을 때 맡게 되는 종이 냄새에 기분이 좋아질 거예요. 어린 시절 시골 할머니 댁에서 즐겁게 지냈던 기억이 있는 사람이라면 우연히 지나가다 맡은 모닥불 냄새에서 불현듯 행복했던 어린 시절이 떠오를 수도 있습니다. 나에게 기분 좋은 추억을 불러일으키는 향기가 무엇인지 생각해보세요. 행복하고 좋았던 추억과 관련된 향이나 냄새면 무엇이든 좋습니다. 딱히 없다면 풀 향, 이끼 향, 편백나무 향 등 숲에서 나는 향을 맡아보세요. 큰 호불호 없이 대중적으로 선호도가 높은 향입니다.

미각

맛있는 음식을 먹으면 기분이 좋아지죠. 그러나 부정적 감정에 압도되어 식욕이 없고 밥 먹는 것조차 귀찮을 때가 있어요. 그럴 때는 가장 좋아하는 음식 하나에 집중하며 천천히 맛을 음미해보세요. TV를 보면서 먹거나, 급하게 허겁지겁 음식을 먹다 보면 본연의 맛을 음미하지 못하고 허기만 채우게 됩니다.

먹는 행위 자체가 우리 몸을 이완시키는 미주신경을 활성화하기 때문에, 미각에 집중하면서 음식의 맛을 느끼고 이후 음식을 삼키게 되는 일련의 과정을 통해 또 다른 감각이나 감정을 느낄 수 있어요. 무언가를 씹고 삼키고 마시는 것이 부정적 감정에서 벗어나 새로운 감정으로 들어가는 문의 역할을 하게 되는 셈입니다.

외부 요인 차단하기

우리는 지금도 현재를 살아가며 다양한 사람들과 감정을 주고받습니다. 내 감정을 있는 그대로 느끼고 솔직하게 표현할 수 있게 되면 타인과의 관계에서 어떻게 내 감정을 보호해야 하는지, 더 나아가 타인에게 내 감정을 어떻게 상처 주지 않고 표현할 수 있는지 알 수 있게 됩니다.

'No'라고 말하세요

"거절하는 게 너무 힘들어요. 힘들게 부탁했는데 제가 거절하면 상대가 무안해할 것 같아요. 그냥 제가 조금 희생하는 게 나아요."

거절하는 것을 유독 힘들어하는 사람들이 있어요. 이들은 배려심이 많고 타인을 잘 공감합니다. 이런 성향은 사회생활을 하는 데 있어서 큰 강점으로 작용하죠. 그러나 타인의 감정에 지나치게 주파수를 맞

추다 보면 정작 나의 감정이나 상태를 살피고 배려하는 데는 소홀하게 되어 어느 순간 도저히 감당할 수 없는 지점에 이르게 됩니다. 사람들은 누군가 받아주고 감당해주면 끝없이 요구하기 때문이에요.

거절이 힘든 사람들의 내면을 살펴보면, 타인으로부터 인정받고 싶은 욕구와 상대가 실망하게 될 때 느끼는 죄책감을 피하고 싶어 하는 마음이 공존합니다. 즉 나와 타인의 경계가 모호한 상태예요. 결국 내가 적절한 경계를 정해두지 않으면 타인이 허락 없이 선을 넘어오거나 불쑥 상처를 줄 때 제대로 대처할 수 없습니다. 상대는 내 경계를 알지 못하니, 상대가 알아서 내 경계를 보호해주는 일도 없죠. 그렇기 때문에 나의 우선순위는 언제나 '나'여야 해요. 순간순간의 감정에 집중하고 점검하다 보면, 할 수 있고 없고의 경계를 정할 수 있어요. "No"라고 말했을 때 상대가 느끼는 좌절감이나 실망감은 상대방이 감당해야 할 몫입니다. 그것이 내 책임이라고 생각하지 마세요.

모두에게 사랑받을 필요는 없어요

사회생활을 하다 보면 솔직하고 즉각적으로 감정을 표현하기 어려운 경우가 많죠. 그럴 때 모든 사람에게 감정을 드러내고 이해받을 필요는 없습니다. 내가 스스로 감정을 이해하고 인정하는 것, 그리고 내가 믿을 수 있다고 생각하는 사람들에게 솔직한 감정을 표현하는 것이 중요합니다. 만약 바쁜 일을 먼저 해결하느라 내 감정을 살펴볼 시간을 놓쳤다면 일과가 끝난 후에라도 꼭 점검하는 시간을 가지세요.

무례한 사람에게서 나를 보호하세요

어딜 가도 타인들에게 상처 주는 말을 서슴지 않는 무례한 사람들이 있어요. 내가 속한 조직에 배려 넘치고 따뜻한 사람들만 있을 수는 없습니다. 늘 감정적으로 힘든 사람들이 존재하죠. 그렇다고 매번 그들을 피해 힘들게 성취한 것들을 버리고 나올 수도 없는 일입니다. 그럴 때는 불편한 감정을 느끼게 하는 사람과 최대한 거리를 유지하는 것이 좋습니다. 그리고 그들이 던진 말이나 행동이 내 마음에 오래 머물지 않도록 해야 합니다. 그러기 위해서는 어떤 말과 행동으로 인해 내가 상처받는지, 내가 느끼는 감정이 정확히 무엇인지, 화인지 슬픔인지 수치심인지 등을 파악하는 것이 중요해요. 내가 느끼는 감정을 명확하게 알면 어떻게 내 마음을 보호해야 할지도 알 수 있습니다.

2장

Q&A
감정에게
묻고 답하기

WHO AM I

이름/나이	별명	버릇

장점/단점	취미/특기

가장 좋아하는 음식	속마음을 터놓을 수 있는 친구

잊지 못할 경험	가장 기억에 남는 여행지	좋아하는 영화/책/노래

가장 아끼는 것	지금 당장 내 방에서 버려도 될 것

가장 존경하는 사람	제일 자신 있는 것(행동)	제일 자신 없는 것(행동)

나 자신이 엄청 대견할 때	나 자신이 무척 미울 때	나 자신이 매우 창피할 때

요즘 관심사	앞으로 이루고 싶은 소망

우울
Gloomy

아무것도 하고 싶지 않고 무기력해요

"밑바닥에 축 가라앉아 있는 느낌이에요."
"스스로가 쓸모없는 사람같이 느껴져요."
"이유 없이 그냥 우울해요."

'우울'은 일상에서 자주 사용하는 말이지만 정확히 어떤 상태인지 정의하기는 쉽지 않습니다. '우울하다'라고 할 때 느끼는 감정이나 증상들은 사람마다 다르기 때문이에요. 의욕이 없고 에너지가 고갈되었다고 느끼는 사람들도 있지만, 괜히 마음이 불안하다거나 잠을 잘 못자고 짜증이 늘었다고 말하는 사람들도 있어요. 우울한 증상의 발현에는 신경생화학적 요인, 심리사회학적 요인, 신체질환 요인 등이 다양하게 작용하지만, 여기서는 뚜렷한 유발 원인이 있는 상태는 제쳐두고 감정 돌봄의 관점에서 '우울'에 대해 살펴보도록 하겠습니다.

우울한 마음을 세심하게 살펴보면 우울함이라는 큰 파도 아래 다양한 감정들이 작은 포말처럼 보이는 것을 발견할 수 있어요. 다양한 감정을 느끼며 살아가는 사람이 주위 사람이나 환경에 맞춰 일부의 감정만 반복적으로 드러내다 보면 억눌린 감정들이 우울의 모습으로 파도치는 것이죠.

A는 늘 다른 사람의 감정을 받아주는 사람이었어요. 상대가 고마워하고 기뻐하는 모습에서 보람을 느끼고, 자신에 대한 긍정적인 평판에 만족했습니다. 그러다 보니 정작 자신의 슬픔이나 분노 같은 자연스럽고 당연한 감정을 표현하는 것에는 서툴렀어요. 타인들 역시 A를 긍정의 아이콘으로 바라보며 'A는 화를 안 내는 사람'으로 대했죠. 이런 프레임에 갇히게 되니 마음이 힘든 순간이 찾아왔을 때 A는 자신의 감정을 인정하기 힘들었습니다. 타인에게 표현하는 것은 더욱 힘들었죠. '나는 다양한 감정을 느낄 수 있고 그 또한 내 모습'이라는 것을 받아들이기 힘들었던 A는 점차 우울함을 느껴야 했습니다.

내가 우울한 감정을 느낄 때 '그것이 정말 우울할 만한 일인가'는 중요하지 않아요. 오늘 내가 문득 우울하고 무기력하다면 그럴만한 감정 상태인 거예요. 경제적으로 부유한 사람도, 직업적 성취를 이룬 사람도, 잘 웃고 얼핏 보면 남부러울 게 없어 보이는 사람도 우울감을 느끼는 경우가 생각보다 많습니다. 반대로 누가 봐도 힘든 환경과 스트레스 속에서 고생을 많이 했지만 우울감을 많이 느끼지 않고 잘 이겨낸 사람도 있습니다. 주관적으로 느끼는 감정의 폭은 모두 다르니까요.

우울한 감정 아래에 또 어떤 감정이 있나 살펴보세요. 마음이 하는 소리에 귀 기울이며 다양한 감정을 느끼고 이해할 때 우리는 우울한 감정을 이겨낼 힘을 얻게 됩니다.

마주하기

01 우울한 마음이 유난히 많이 느껴졌던 순간에 대해 떠올려보세요. 짧게
라도 좋습니다.

그때의 나는 어떤 기분인가요? 표현하기 어렵다면 색깔이나 모양에 비
유해도 좋습니다.

_____

_____

우울한 감정이 특정 상황이나 사건과 관련된 것인가요? 아니면 관계에
서 비롯된 것인가요?

① 상황, 사건   ② 관계   ③ 잘 모르겠다

우울한 감정을 느낄 때 나는 혼자 있었나요? 아니면 다른 사람과 함께
있었나요?

① 혼자 있었다   ② 함께 있었다

02 그 감정은 무엇과 닮아있나요?

① 속상함   ② 답답함   ③ 괴로움   ④ 실망스러움   ⑤ 무기력

⑥ 기타: _____

STEP 2 # 깊이 보기

03 우울한 감정이 특정 상황이나 사건과 관련된 것인가요?

무엇이 나를 가장 힘들게 하나요? 최근 혹은 과거에 발생한 일 때문인

가요? 아니면 나를 둘러싼 환경 때문인가요?

_____

_____

_____

_____

일시적으로 발생한 우울감인가요? 지속적인 우울감인가요?

_____

_____

_____

그 일은 나로 인해 발생한 일인가요?

_____

_____

_____

_____

그 일이 현재의 나에게 어떤 영향을 미치고 있나요?

04 미래에 대한 지난친 염려와 걱정 때문에 우울한 감정이 느껴지나요?
그 일이 일어날 확률은 어느 정도인가요?

현재 상황을 나의 의지나 노력으로 바꿀 수 있나요? 내가 할 수 있는
일은 무엇일까요?

나의 의지나 노력으로 바꿀 수 없다면 마음을 바꿔보는 것도 방법입니다. 지금 상황에서 긍정적인 면을 찾아본다면 어떤 게 있을까요?

_____

_____

_____

_____

_____

_____

관계

05 혼자 있을 때 우울한 감정이 올라왔나요?

혼자 있는 시간이 나를 우울하게 만든 것은 아닌가요? 혼자 있을 때 나는 주로 무슨 생각을 하나요?

_____

_____

_____

_____

_____

우울한 감정을 느낄 때 함께 있고 싶은 사람이 있다면 누구인가요?

그 사람과 함께 할 때 우울한 마음이 나아진다면 그 이유는 무엇일까요?

06 사람들과 함께 할 때도 우울한 마음이 가시지 않나요?

다른 사람에게 나의 감정을 표현해 본 적이 있나요? 어떻게 했나요?

_____

_____

_____

누군가에게 이해받고 싶나요? 이해받지 못할 때 나는 어떤 감정을 느끼고 어떻게 행동하게 되나요?

_____

_____

_____

상대에게서 어떤 말을 듣고 싶나요? 가장 듣고 싶고 위로가 될 만한 말을 적어보세요.

_____

_____

_____

_____

07 특정 인물과 함께 있을 때 유독 우울한 마음이 드나요?

그의 말과 행동이 내 우울감에 어떤 영향을 끼쳤나요?

나에게 부정적 영향을 미치는 사람이라면 내 인생에서 과감하게 제거해보세요. 계속 마주칠 수밖에 없다면 내 안에 존재하는 그 사람의 크기를 작게 만드는 것도 방법입니다. 그 사람의 말과 행동으로부터 나를 지키기 위해 할 수 있는 것은 무엇이 있을까요?

STEP 3 흘려보내기

08 우울한 마음과 함께 느껴지는 신체 감각을 모두 표현해보세요.

ex. 우울한 마음과 함께 가슴이 답답하고 목이 메는 느낌이 들었다.

_____

_____

_____

_____

_____

_____

_____

_____

_____

_____

_____

TIP 천천히 심호흡하면서 불편한 감각이 느껴지는 신체 부위가 이완되는 상상을 해봅니다. 신체를 이완하는 훈련을 통해 내장의 신경이 뇌로 신호를 보내면서 기분에 영향을 줄 수 있습니다. 이완 훈련을 한 다음에 기분이 어떻게 달라졌는지도 관찰해보세요.

09 기분이 좋아지는 행동이나 성취감이 느껴지는 행동으로 마음을 환기해보세요. 지금 당장 할 수 있는 일은 무엇인가요?

TIP 우울증은 자기 자신이나 세상에 대해 비관적인 생각을 하도록 만드는데, 이러한 생각은 하지 않으려고 애쓸수록 머릿속에 떠올라서 맴도는 특징을 가지고 있습니다. 우울한 감정에서 빠져나오는 방법 중 하나는 다른 감정을 불러일으키는 것입니다. 당장 실천할 수 있는 것이면 다 좋습니다. 30분 동안 산책하기, 꽃 한 송이를 사서 나에게 선물하기, 따뜻한 물에 족욕하기 등 무엇이라도 좋습니다. 그리고 아주 사소한 것이라도 해냈다면 자신을 칭찬하는 것도 잊지 마세요.

10 어떤 일이 해결될 때 혹은 발생할 때 우울감이 사라질까요? 마음껏 상상의 나래를 펼쳐보세요.

아무것도 성취하지 못했을지라도 자신을 존경하라.
거기에 상황을 바꿀 힘이 있으니.
자신을 함부로 비하하지 말라.
멋진 인생을 만드는 첫걸음은 바로 자신을 존경하는 것이다.

프리드리히 니체 (Friedrich Nietzsche)

02

분노
Angry

❝ 작은 일에도 화가 나요

지구 반대편에서 일어난 전쟁으로 아무 잘못도 없는 어린아이가 사망했다는 소식을 기사로 접하면 우리는 자연스레 분노와 연민의 감정을 느낍니다. 당연한 감정이죠. 이런 분노와 달리 우리가 다스려야 하는 분노는, 머리로는 분노할 만한 상황이 아니라고 생각하면서도 느껴지는 분노입니다.

분노는 매우 강한 감정입니다. 자기 자신은 물론 다른 사람에게 상처를 줄 수 있는 감정이에요. 분노의 감정은 자신에게든 타인에게든 감정을 인정받을 때 크기가 줄어드는데, 인정받은 경험이 적을수록 스스로 분노의 감정을 견디지 못하고 회피하려고 합니다. 그렇게 해결되지 못한 감정은 조금씩 몸짓을 키우다가 아주 사소한 자극에 크게 폭발하게 되죠.

S는 친구가 약속 시각에 늦자 그날따라 몹시 화가 났다고 합니다. 그 친구는 이전에도 약속을 종종 지키지 않았는데 평소에는 참고 넘어갔지만 그날은 견딜 수가 없었죠. 큰소리로 비난을 퍼붓고 절교를 선

언한 뒤 곧장 집으로 돌아왔다고 합니다. 약속을 지키지 않아 즐거운 시간을 망쳐버린 친구에게 화가 났고, 동시에 미안해하는 친구를 보니 '오늘 일이 이렇게 화를 낼 정도였나? 그렇게 심하게 말하려고 한 건 아니었는데'라는 후회가 들었다고도 했습니다.

S의 마음을 찬찬히 따라가며 살펴보기 시작하자 분노라는 큰 덩어리의 감정 속에 숨어 있는 다른 감정들이 보이기 시작했습니다. S는 친구와의 약속 시각을 지키기 위해 일찍부터 준비하고, 혹여 늦을까 봐서 해야 할 일도 미루고 나왔던 참이라고 했습니다. 자신은 친구와의 관계를 위해 최선을 다했던 것이죠.

그런데 친구가 설명도 없이 자신과의 약속을 지키지 않자, 자신과의 관계를 하찮게 여긴다는 생각이 들었고, 나아가서 친구에게 무시당하고 있다는 생각까지 들었다고 합니다. 자신이 친구에게 무시당할 정도로 무가치한 사람이라는 데까지 다다르자 슬픔과 외로움, 두려움 같은 감정들이 몰려왔습니다. 슬픔, 외로움과 같은 연약한 속감정이 쉽게 모습을 드러내지 못하고 분노라는 표면 감정을 내세운 것이라는 사실을 깨닫게 되었습니다.

처음 한두 번 친구가 약속에 늦었을 때 적절하게 감정을 표현했더라면 친구도 나의 마음을 이해하고 앞으로 약속에 늦지 않으려고 노력했을 거예요. 정말 나와의 관계를 하찮게 여기지 않았다면 말이에요. 자신의 감정을 살피지 못하고 분노라는 감정을 과하게 표현하거나 속으로 삭이면 좋은 관계가 지속되기 어렵습니다. 강한 분노가 상대의 분노를 유발해 서로 큰 싸움이 날 수도 있고, 화를 적절히 드러내지 않고 속으로 억누르기만 하면 상대를 끊임없이 미워하게 되고 멀리하고 싶은 마음이 생기게 되죠.

스스로 분노라는 감정을 잘 들여다보기 어렵다면 글이나 그림 등으로 표현해보는 것도 도움이 됩니다. 글, 그림 등으로 표현하다 보면 내면에 숨어 있는 다양한 다른 감정들을 알아챌 수 있고 스스로 그 감정들을 위로하고 해결할 수 있습니다. 강렬한 감정들을 세심하게 표현하다 보면 큰 파도가 바위에 부딪쳐 잘게 부서지듯이 힘든 감정이 천천히 줄어들게 될 거예요.

마주하기

01 어떤 순간에 분노가 올라왔나요? 기억을 찬찬히 떠올리며 그 순간에
   좀 더 집중해보세요. 감정을 더 키우거나 감정에 빠져들지 말고 있는
   그대로 바라보세요. '내가 이럴 때 굉장히 분노하는구나'라고 인정하
   며 그 과정을 찬찬히 살펴봅니다. 나는 주로 어떨 때 분노하나요?
   특정한 인물에게 특히 분노하나요? 아니면 특정한 말이나 행동에 특히
   분노하나요?

02 분노는 어떻게 다스리는 편인가요? 분노를 표출하면서 그 감정에 빠져
   있나요? 아니면 속으로 삭이며 억누르나요?
   ① 표출한다   ② 억누른다

STEP 2 깊이 보기

분노를 표출해요

03 **특정 인물에게 더 크게 분노하나요?**

타인에게는 너그럽지만 오히려 가까운 사람에게 분노를 참지 못하는 경우도 있습니다. 내가 자주 분노감을 드러내는 사람이 가족이나 지인인가요?

나의 분노는 그 사람과의 관계와 관련이 있을까요? 그 사람과 나는 어떤 관계인가요?

평소 상대에게 품은 마음이 분노감으로 표출되는 것일 수 있습니다.
나는 상대를 어떻게 생각하고 있나요?

때로는 어떤 기대나 소망이 이루어지지 않을 때 분노가 나기도 합니다.
내가 상대에게 바라는 것이 있나요?

때로는 어떤 기대나 소망이 버거울 때 분노가 나기도 합니다. 상대가 나에게 거는 기대에 화가 나나요? 상대가 바라는 것은 무엇인가요?

이제 나는 어떻게 하고 싶나요? 화를 내지 않고 내가 원하는 것을 전달하려면 어떻게 해야 할까요?

04 **특정 말이나 행동에 더 크게 분노하나요?**

어떤 말과 행동에 화가 나나요?

상대방의 말과 행동으로 인해 어떤 기분이 들었나요?

상대방의 말과 행동이 나의 어떤 부분을 건드리나요? 숨기고 싶은 그 것은 무엇인가요?

05 나는 분노를 어떻게 표현하고 있나요?

분노를 있는 그대로 표현하는 편인가요? 그랬을 때 상대의 반응은 어땠나요?

분노를 표현하고 나서 상대와의 관계나 상황이 어떻게 달라졌나요?

분노를 표현하고 나서 나의 마음은 어땠나요? 후련했나요?

화를 내다가 그 감정이 더 커진 적이 있었나요?

만약 상대가 나에게 분노를 표현한다면 나는 어떤 감정이 들까요?

정당하게 분노를 표현하는 것도 중요합니다. 나의 감정을 표현하면서도 관계를 계속 유지하려면 어떻게 하는 게 좋을까요?

06 화를 내지 않고 관계를 유지하는 것이 어색한가요?

누군가에게 분노를 표현하면 어떤 일들이 일어날 것 같나요? 어떤 관

계가 될까 두렵나요?

갑자기 화를 내서 관계가 나빠진 적이 있나요?

누군가에게 화를 내게 될까 봐 사람을 멀리한 적이 있나요? 그때 나의
마음은 어땠나요? 결국 그 사람과는 어떻게 되었나요?

화가 날 만한 상황인데도 화를 내면 안 된다고 느낀 적이 있나요?

화나는 감정 때문에 실제로 제대로 처리해야 할 것을 못 한 적이 있나요?

07 묵혀둔 감정이 불쑥불쑥 튀어나올 때가 있나요?

과거에 해소하지 못한 감정 때문에 아직도 힘이 드나요? 어떤 일이 있

었나요?

과거의 감정과 현재의 나의 분노 사이에 어떤 연결고리가 있나요?

화를 냈어야 하는 상황에서 제대로 화를 내지 못한 나에게 화가 나나요?

지금이라면 나는 어떻게 말하고 행동할까요?

'그때 나는 화가 날 만한 상황이었어'라고 말해주세요. 그리고 그동안 힘들었을 나에게 해주고 싶은 말을 적어보세요.

분노의 속감정

08 분노의 감정 아래는 어떤 감정이 있나요?

좌절감, 슬픔, 망설임, 외로움, 허무함 등 다른 감정이 있는지 살펴보고 느껴지는 대로 표현해보세요.

09 분노의 감정을 느끼지 않으려고 쓰는 방법들이 있나요?

분노의 감정이 느껴져 견디기 힘들 때 주로 어떤 행동을 하나요? 그 행동은 나에게 긍정적 영향을 주나요? 혹시 내가 하는 행동 중 마음에 들지 않아 고치고 싶은 게 있나요?

흘려보내기

10 **분노나 화가 몸의 어디에서 느껴지는지 한번 표현해보세요.**

ex. 머리에 두통이 있거나 열이 오르는 느낌, 가슴이 답답하고 불편한 느낌, 목과

어깨에 왠지 힘이 들어가고 뻐근한 느낌, 눈이 건조하고 뻑뻑함, 소화가 되지 않고

입맛이 없음, 팔다리가 쑤심, 다리에 힘이 풀리고 걸을 기운이 없음 등

TIP　신체의 반응을 통해 내 감정을 같이 느껴볼 수 있습니다. 분노의 감정은 우리 몸이 싸울 준비를 하도록 만들기 때문에 혈압이 오르면서 어깨에 힘이 들어가고 얼굴이 상기되면서 편두통이 생길 수 있습니다. 항상 화가 나 있고 긴장한 상태라면 몸에 장기적인 영향을 미쳐서 혈압이 오를 수도 있지요.

한번 화가 나면 쉽게 가라앉지 않아서 고통스럽나요? 화를 내게 되면 스트레스 호르몬이 많이 분비되고 한번 나온 호르몬들은 사라지기까지 시간이 걸려요. 그러는 동안에 화가 더 커지기도 하고 내가 어떻게 하느냐에 따라 화가 가라앉기도 합니다.

스트레스 호르몬은 근육을 긴장시키고, 때때로 통증을 느끼게 하고, 장을 불편하게 합니다. 불편한 신체 감각을 통해 불쾌한 감정을 느끼고 화가 더 나는 악순환에 빠지지 않도록 의식적으로 긴장한 몸을 조금씩 이완시켜봅니다. 통증이 특히 많이 느껴지는 몸의 부위에 집중해보세요. 어깨에서 뻐근함과 긴장이 느껴진다면 최대한 어깨 근육이 풀어지도록 천천히 호흡하면서 이완시킵니다. 그런 다음 감정에 변화가 있는지 다시 한번 살펴보세요.

11 분노의 감정이 더 커지지 않도록 나만의 루틴을 정해볼까요? 화를 가라앉히기 위해 단계별로 할 수 있는 것들을 적어보세요.

ex. 동네 한 바퀴 빠르게 걷기 – 클래식 음악 듣기 – 따뜻한 차 마시기 –

감정 일기 적기

분노하는 것은 타인에 대한 보복을
자기 자신에게 가하는 것이다.

알렉산더 포프(Alexander Pope)

03

슬픔
Sad

눈물이 멈추지 않아요

     사랑하는 사람이나 반려동물이 우리 곁을 떠났을 때, 누군가에게 실망했을 때, 간절히 바라던 일이 이루어지지 않았을 때 우리는 슬픔을 느낍니다. 슬픔은 매우 자연스럽고 필수적인 감정이지만 사람들은 의외로 자신의 슬픔은 물론 타인의 슬픔을 마주하는 것을 무척 어색해합니다. 슬픔이란 감정을 재빨리 극복해야 하는 것이라고 느끼기 때문이에요.

     슬픔이란 굉장히 여리고 약한 감정이기 때문에, 충분히 안전하다고 느끼지 않으면 감정을 표현하기가 어렵습니다. 날씨가 따뜻할 것이라고 예상하고 얇은 옷만 입고 나왔는데 갑작스럽게 한파가 몰아닥치면 감기에 걸리게 되겠죠. 문밖의 날씨를 알지 못할 때는 얇은 옷을 입는 모험을 하기보다 일단 따뜻하게 옷을 겹겹이 껴입는 게 더 안전한 방법입니다.

     슬픔을 표현하는 것도 비슷해요. 누군가 안전하게 들어준다는 보장이 없다면 슬픔은 숨겨야 할 감정으로 인식되는 것이죠.

    K는 가까운 직장동료가 갑자기 교통사고로 사망한 후 큰 슬픔을 느꼈습니다. 평소 친하게 지냈고 많이 의지했던 사이라서 갑작스러운 사고 소식에 일에 집중하기 어렵고 계속 눈물이 났죠. 하지만 회사는 마치 아무 일도 없었다는 듯이 바쁘게 돌아가고 다른 직원들도 벌써 잊은 듯해 보여 K는 표정을 관리할 수밖에 없었습니다. 친한 친구에게 털어놓았는데 '그분은 정말 안타깝지만 산 사람은 살아야지. 너도 힘드니까 그만 잊어'라는 말에 슬픔을 속으로 삭이며 그저 이 감정이 지나가기를 바랐습니다.

    우리는 살아가면서 수많은 헤어짐을 마주합니다. 연인과의 이별, 배우자와의 이혼, 사랑하는 사람의 죽음, 그리고 원하던 것을 얻지 못하는 상실의 아픔까지. 크고 작은 헤어짐을 반복하며 살아가지만, 특히 나에게 심리적으로 매우 중요한 의미가 있는 사람이나 반려동물과의 이별인 경우에는 그 슬픔이 매우 크게 꽤 오래갈 수 있어요.
    애도 반응은 보통 두 달 정도 나타난다고 알려져 있지만, 우리는 때때로 순간의 슬픔조차도 자기 자신이나 타인에게 허락하지 않는 경우가 있습니다.

억눌러진 슬픔은 사라지지 않고 내면에 고여있다가 한순간에 터져 나올 수 있습니다. 감정이란 누른다고 없어지는 것이 아니기 때문이죠. 나에게 슬퍼할 시간이 필요함을 인정하세요. 그리고 마음껏 슬퍼하세요. 충분히 인정해주고 살펴볼 때 점차 옅어지고 감당할 만한 것으로 변할 수 있습니다.

STEP 1 마주하기

01 슬픔과 연관이 있는 순간에 대해 떠올리고 찬찬히 살펴보세요.

어떤 일이 있었나요?

02 지금 느끼는 슬픔의 감정은 어느 쪽에 가까운가요?

① 소중한 것을 잃어버린 것에 대한 슬픔

② 간절히 원했지만 갖지 못한 것에 대한 슬픔

03 평소 슬픔이 느껴질 때 감정을 어떻게 다스리는 편인가요?

① 그때그때 해소한다   ② 속으로 삭인다

깊이 보기

상실

04 소중한 사람이나 반려동물과 헤어졌나요? 혹은 아끼던 물건을 잃어버렸나요?

그것은 나에게 어떤 존재였나요?

_____

_____

_____

_____

_____

05 간절히 원했지만 갖지 못한 것이 있나요?

_____

_____

_____

_____

_____

슬픔을 대하는 태도

06 **슬플 때 감정을 털어놓는 누군가가 있나요?**

내가 굉장히 슬플 때 주로 누구에게 위로를 받나요? 그 사람은 나에게

어떤 존재인가요?

그 사람에게 마음을 털어놓으면 어떤 기분이 드나요?

07 **슬픔을 혼자서 삭이는 편인가요?**

내가 슬퍼하는 모습을 주위에 보여주고 싶지 않나요? 늘 밝은 모습만 보여야 한다고 생각하거나 '난 슬퍼해선 안 돼'라고 생각한 적이 있나요? 슬픔에 잠긴 내가 나약하거나 무력하다고 느끼나요? 혹은 이 정도 일로는 슬퍼하면 안 된다고 생각하나요?

슬픔이 느껴질 때마다 밀어내려고 했던 행동이나 자주 되뇌는 말이 있나요?

슬픈 감정을 억누르고 억지로 밝은 척하는 편인가요? 주로 어떤 상황
에서 그렇게 하나요?

누군가에게 슬픈 감정을 표현했을 때 있는 그대로 위로받은 경험이 별
로 없었나요?

내가 슬퍼하는 모습을 주위 사람들에게 표현하면 어떻게 될까요?

08 슬플 때 다른 행위로 슬픔을 잊으려고 하는 편인가요?

'빨리 이 감정에서 벗어나야 해' '술이나 마시고 잊어버리자' 등 슬픔을
밀어내려고 했던 말이나 행동이 있나요? 슬플 때 주로 무엇을 하나요?

_____

_____

_____

_____

_____

그것이 효과가 있었나요? 더 좋은 방법이 있다면 무엇일까요?

_____

_____

_____

_____

_____

흘려보내기

09 슬픔이라는 감정이 몸의 어디에서 느껴지는지 한번 표현해보세요.

_____

_____

_____

_____

_____

_____

_____

_____

_____

_____

_____

TIP 나의 몸이 '슬픔'에 어떻게 반응하는지 살펴보세요. 눈시울이 붉어질 수도 있고, 나도 모르게 눈물이 뚝뚝 흐를 수 있습니다. 너무 오랫동안 슬픔이라는 감정을 느끼지 않으려고 애를 써온 경우, 눈물이 흐르는데도 불구하고 슬픔이 느껴지지 않는다고 말하는 사람도 있습니다. 이럴 때는 내 신체 반응을 통해 슬픔이라는 감정을 알아채 보세요.

10 혹시 과거에 있었던 일이 지금의 나를 힘들게 하고 있지는 않나요?

당시 충분히 슬퍼할 시간을 가지지 못해서 슬픔이 지속하는 것일 수 있

어요. 나를 슬프게 한 그 순간을 떠올려보고 지금의 감정을 느껴보세요.

TIP 과거에 있었던 일들을 떠올려보고 슬픔을 느껴보세요. 슬픔을 일부러 크게 만들
거나 슬픔에 빠질 필요는 없습니다. 그저 '내가 슬퍼하는 것은 당연해' '슬퍼해도 괜찮아'
'슬퍼할 시간을 좀 주자'라고 나에게 말해주세요.

슬픔의 크기는 물건을 가격별로 진열하듯이 순서를 매길 수 없습니다. 다른 사람들에게
무난한 일도 나에게는 특히 슬픈 일일 수 있습니다. 자신의 감정을 그대로 인정해주세요.

11   슬픔과 함께 떠오르는 생각이나 다른 감정이 있다면 떠올려보세요.

TIP   누군가와 갑자기 헤어졌다면, 그 사람과의 행복했던 추억이 그리울 수 있습니다. 그리고 행복했던 순간을 다시 함께 할 수 없다는 아쉬움이 느껴질 수도 있습니다. 또는 다시 볼 수 없는 사람과의 추억을 떠올리며 더 잘해주지 못한 부분에 대한 후회나 죄책감이 들 수도 있습니다.

다양한 감정을 함께 떠올릴수록 슬픔이라는 감정을 훨씬 풍부하게 느낄 수 있고 자신의 감정에 대해 더 잘 이해하게 됩니다. 슬픔과 함께 그 소중한 것에서 느껴지는 고마움이나 그리움, 사랑에 대한 감정도 느껴보고 떠올려보세요.

12 슬픔을 드러내는 것도 연습이 필요합니다. 무조건 내 편을 들어주는 누군가가 있다고 가정해보고, 그 사람에게 하고 싶은 말과 듣고 싶은 말을 적어보세요.

슬픔 속에는 연금술이 있다.
슬픔은 지혜로 변해 기쁨 또는 행복을 가져다줄 수 있다.

펄 벅(Pearl Buck)

04

불안
Anxious

내 의지와 상관없이
가슴이 답답하고 초조해요

"심장이 너무 빨리 뛰고 긴장돼요."
"손에 땀이 나고 얼굴에 열이 올라요."
"몸이 떨리고 가만히 있지 못하겠어요."

마음이 불안하고 초조할 때 흔히 나타나는 증상입니다. 100미터를 전속력으로 달려 심장이 터질 듯이 두근거리거나, 이빨을 보이며 으르렁거리는 커다란 개를 만났을 때 깜짝 놀라서 보이는 신체 반응과 비슷하죠. 심리적으로 불안을 느끼는 사람들과의 차이점은 불안과 공포를 유발할 만한 '대상'이 있느냐 없느냐입니다.

격렬한 운동을 하거나 무서운 대상을 만났을 때 심장이 뛰고 두려움을 느끼는 것은 모두가 당연하게 받아들이고 그 자체를 불편해하지 않습니다. 운동을 중단하고 심호흡을 하면 심장이 다시 천천히 뛸 거라는 것을 알고 있기 때문이에요. 커다란 개를 보고 놀랐더라도 재빨리 안전한 곳으로 피신한 후에는 안도하며 불안이 잦아드니까요. 일시적으로 불안을 느끼는 대상이 사라졌기 때문에 더 이상 불안하지 않아도 되겠다고 '예측'하는 것이죠.

　　그런데 특별한 이유 없이 마음이 불안하고 초조해지면 사람들은 굉장히 혼란스러워합니다. 사소한 일도 확대 해석하고 의미를 부여하며 걱정하죠. 안 좋은 생각들이 꼬리에 꼬리를 물고 이어지기 전에 내가 왜 불안해하는지 감정을 먼저 살펴보세요. 대체로 불안한 마음은 현재에 머물지 못하고, 과거나 미래에 가 있는 경우가 많습니다.

　　취미 동호회 첫 모임에 참석한 B는 즐거운 시간을 보내고 집으로 돌아오는 차 안에서 불안한 마음에 가슴이 답답해졌습니다. '그 사람 표정이 안 좋던데, 혹시 내가 실수한 거라도 있나?' '아까 대답을 제대로 못 했는데 사람들이 날 이상하게 생각하면 어쩌지?' 그럴 일 없다고 마음을 다잡고 침대에 누워도 '다음 모임에서 사람들과 잘 지낼 수 있을까?' '내가 가면 사람들이 싫어하지 않을까?'라는 생각들로 쉽게 잠들지 못했습니다.

현재의 행복에 머물지 못하고 끝없이 불안을 만들어가는 B의 경우처럼 현대인들이 사소한 일상에서 필요 이상의 불안을 느끼는 현상을 '램프증후군'이라고 합니다. 소원을 빌기 위해 램프를 문질러 요정 지니를 부르듯이 수시로 불안을 꺼내 보면서 걱정하는 것을 비유한 말이에요. 매사에 불안해하는 것이 습관처럼 굳어진 사람은 불안한 일이 해결되고 나면 또 다른 불안을 찾아 그 과정을 반복합니다. 지금 불안하다고 느낀다면 불안한 감정에 대해 찬찬히 살펴보고 불안의 고리를 찾아 끊으세요.

STEP 1 마주하기

01 마음이 불안하고 두근두근 한가요? 불안한 마음을 피하지 말고 찬찬히 느껴보세요.

불안은 하루 종일 지속되나요? 아니면 특히 더 불안한 순간이 있나요?

_____

_____

_____

_____

_____

02 불안한 이유를 알고 있나요?

① 이유를 알고 있다　　② 이유를 모르겠다

_____

_____

_____

_____

_____

_____

STEP 2 # 깊이 보기

이유 없이 불안해요

03 불안한 마음이 들었던 당시의 상황을 떠올려보세요. 어떤 순간에 불안
한 마음이 들었나요?

04 머리로는 불안할 이유가 없다고 생각하는데 마음은 불안한가요?
어떤 일이 해결될 때 불안한 기분이 사라질 것 같나요? 그 일은 무엇인
가요?

앞으로 어떤 일이 벌어질까 봐 불안한가요? 어떤 일이 절대 일어나지 않는다고 가정할 때 기분이 나아질 것 같나요? 그 일은 무엇인가요?

실제로 그 일이 일어난다고 할 때 발생하는 최악의 경우는 무엇인가요?

때로는 과거의 고통스러운 기억과 현재의 일이 연결될 때 불안을 느끼게 되기도 합니다. 과거 비슷한 불안을 경험한 적이 있나요? 때로는 그 기억이 완전한 스토리로 생각나지 않고, 이미지, 냄새, 소리 등으로 기억이 될 수도 있습니다. 어떤 순간인지 천천히 떠올려보세요.

TIP 만약 '내가 불안할 만한 상황이 아닌데 갑자기 왜 불안하지?'라고 느껴진다면, 우선은 '내가 지금 불안하다면 그럴 만한 이유가 있을지 몰라. 일단 지금 불안하다는 것을 인정하자'라고 받아들이세요.

영화 〈내가 잠들기 전에〉의 여주인공인 크리스틴은 하루가 지나면 기억을 잃습니다. 아침에 곁에서 일어나는 사람은 자신을 남편이라고 소개하지만 어쩐지 친숙하게 느껴지지 않습니다. 저는 영화가 시작되자마자 크리스틴의 남편이 진짜 남편이 아니거나 서로 사랑하는 사이가 아닐 거라고 짐작했습니다. 그 이유가 무엇일까요?

'A는 누구이고 이곳은 어디이며 어제 나는 무엇을 했다'는 일종의 스토리는 '일화기억'이라고 해서 우리 뇌에 저장이 되는데요. 그와 별도로 '내가 A를 무척 사랑했고, 함께 했던 행복한 순간이 많다'는 사실은 또 다른 '암묵기억'으로 우리 뇌의 다른 부위에 저장이 됩니다. 그래서 크리스틴이 설사 뇌 손상으로 일화기억을 잃었더라도 암묵기억은 남아 있을 수 있습니다. 그런데 왠지 모르게 남편이라고 주장하는 남자에게 낯섦과 거리감을 느꼈다면 암묵기억이 당신에게 위험한 사람이라고 메시지를 보내는 것입니다.

책 《당신에게 무슨 일이 있었나요?》에도 비슷한 사례가 소개됩니다. 학대 가정에서 성장한 소년이 치료를 받고 학교에 잘 적응해나가던 와중에 유독 한 선생님 앞에서만 불안해하고 반항적인 태도를 보입니다. 그 선생님은 평소 무척 젠틀하고 아이들에게 관심이 많은 사람이었기 때문에 소년의 행동은 도통 이해가 되지 않았지요. 소년도 스스로 이유를 알지 못했다가 나중에 소년을 학대했던 아버지와 선생님이 같은 로션을 사용한다는 사실을 알게 됩니다. 소년은 선생님에게서 나는 로션 향을 통해 학대받았던 순간의 긴장과 불안을 느꼈던 것이었죠.

때로는 불안이나 짜증, 공포가 감정으로만 느껴지고 구체적인 기억이나 생각과 연결이 되지 않는 경우가 있습니다. '알 수 없다'는 것 때문에 더 불안할 수 있습니다. 그렇지만 '내가 불안할 만한 이유가 있을 것이다'라고 감정을 인정하고 살펴보면 작은 실마리를 발견할 수 있습니다.

불안을 마주하는 방법

05 불안을 느끼면 보통 어떻게 해결하려고 하나요?

_____

_____

_____

_____

_____

06 불안을 못 견디겠나요?

'이 감정을 느껴도 아무런 문제가 없어. 아무 일도 일어나지 않을 거야'
라고 생각하세요. 그리고 불안과 함께 떠오르는 생각이나 감정을 적어
보세요. 사소한 것도 괜찮습니다.

_____

_____

_____

_____

_____

07 **불안할 때 주로 혼자 있나요?**

누군가와 함께 있을 때 불안이 더 커지나요?

내가 불안해하는 모습을 다른 사람에게 보이고 싶지 않나요? 이유가

무엇인가요?

내가 불안한 모습을 다른 사람에게 보였을 때 상대방이 어떻게 해줬으면 좋겠나요?

---

08 불안을 함께 나눌 존재가 있나요?

불안할 때 주로 누구에게 위로를 받나요? 꼭 사람이 아니어도 좋습니다. 불안을 잠재울 때 도움이 되는 존재(동물, 물건 등)가 있나요?

그 대상이나 존재의 어떤 부분에서 내가 위로받나요?

아무도 떠오르지 않는다면 스스로 위로를 건네도 좋습니다. 무조건 내 편을 들어주는 누군가가 있다고 가정해보고, 그 사람에게 듣고 싶은 말을 적어보세요.

STEP 3 # 흘려보내기

09 **불안이라는 감정이 몸의 어디에서 느껴지는지 한번 표현해보세요.**

_____

_____

_____

_____

_____

_____

_____

_____

_____

_____

_____

TIP 불안은 사람을 자연스레 긴장하게 만듭니다. 나도 모르게 어깨, 목, 팔, 다리 근육에 힘이 들어가 있을지도 모릅니다. 어느 분위에 긴장을 느끼는지 살펴보세요. 머리끝부터 발끝까지 훑어봅니다. 미간의 주름과 힘이 느껴지면 천천히 심호흡하며 긴장된 근육을 하나하나 풀어주세요.

10 불안을 무작정 억누르려고 하면 안 되지만 그렇다고 일부러 크게 만들거나 깊게 빠져들 필요도 없습니다. 기차가 간이역에 정차했다가 다시 출발하듯 이 감정 또한 곧 지나가는 것이라고 생각하고 흘려보내세요. '일어나지 않은 일에 걱정할 필요 없어. 이 감정은 영원하지 않아. 불안할 만한 이유가 있을 거야. 너무 빠져들지만 말자' 라고 스스로 다독여 주세요.

불안할 때마다 떠올리며 내 마음을 다독일 수 있는 말을 적어보세요.

11 불안이 사라진 상황과 편안해진 내 모습을 머릿속으로 그려보세요. 그리고 그것을 반복해서 상상해보세요.

_____

_____

_____

_____

_____

_____

_____

_____

_____

_____

_____

_____

_____

_____

_____

걱정 없는 인생을 바라지 말고
걱정에 물들지 않는 연습을 하라.

알랭 바디우(Alain Badiou)

05

행복
Happy

" 어떻게 해야 행복할 수 있을까요?

행복이란 무엇일까요? 사람들에게 어떨 때 가장 행복하냐고 물어보면 돌아오는 대답은 의외로 소박합니다. 걱정 없이 활짝 웃으며 뛰어노는 아이들의 웃음소리, 사랑하는 사람과 맛있는 음식을 먹으며 마주하는 눈빛, 엄마의 따뜻하고 포근한 품속 등에서 행복감을 느낀다고 하죠. 행복이란 편안하고 이완된 상태에서 아무 근심 없이 마음 깊이 만족감을 느끼며 '정말 좋다'라고 할 수 있는 감정이 아닐까요?

"당신은 행복하기를 원하시나요?"라는 질문을 받으면 아마 누구라도 "그렇다"라고 대답할 거예요. 그러나 머리로는 행복을 바란다고 생각하면서, 평소에 행복감을 느끼지 못하거나 혹은 행복이 찾아왔을 때 그것을 알아차리지 못하는 사람들도 있어요.

있는 그대로의 상태에서 행복감을 느끼기가 어려워진 현대인들은 술이나 담배 같은 자극적인 물질을 통해서 혹은 커피나 콜라 같은 카페인의 도움을 받아 각성하고 흥분된 느낌을 유지하려고 하죠.

스탠퍼드 의대 교수인 애나 램키(Anna Lembke)는 그의 저서 《도파민네이션》에서 현대인들이 지나치게 쾌락을 추구하는 것을 경고했습니다. 쾌락 자극에 동일하게 혹은 비슷하게 반복해서 노출되면 쾌락의 만족을 느끼는 시간이 점차 짧아지고 더 강한 쾌락을 필요로 하기 때문이에요. 이러한 쾌락이 주는 가짜 행복에 중독되면 진정한 행복을 놓치게 됩니다.

때로는 행복을 느끼는 순간에 '이 행복을 내가 누려도 될까?'라는 생각이 불쑥 들어 힘들어지는 사람도 있습니다. 하루는 결혼을 앞둔 B가 찾아왔습니다. B의 부모님은 관계가 좋지 않아 자주 다투었고 B는 그런 광경을 보며 자라왔다고 합니다. 아버지로부터 폭언을 듣는 것이 익숙했고, 하소연하는 어머니에게 위로를 건네는 일이 당연한 일상이었다고 했죠.

그러다 최근 B는 자신을 잘 이해해주는 좋은 연인을 만나 결혼을 결심하게 되었습니다. 그런데 이상하게도 B의 마음이 전보다 더 혼란스러워졌다고 합니다. 자신에게 주어진 꿈같은 일들이 믿기지 않던 것이에요. 늘 자신에게는 불행한 일과 힘든 일만 생긴다고 생각했는데, 처음으로 자신을 온전히 이해해주고 사랑해주는 사람을 만나자 '과연 이 행복이 내 것일까?' '내가 사랑하는 사람이 나 때문에 불행해지면 어떡하지?'라는 불안한 마음이 들었다고 합니다.

너무 과분한 행복을 느꼈다가 잃게 되면 더 불행해질 것 같고, 행복이란 애초에 자신과는 거리가 먼 것이라는 생각에 괜히 연인에게 화를 내고 짜증을 내게 된다며 괴로워했습니다.

우리는 감정을 익숙한 방법대로 느끼고 그것을 주위 사람들과 공유합니다. 그러면서 관계를 이어 나가죠. 누군가와 늘 부정적인 감정을 주고받으면서 관계를 맺는 것이 익숙해지면 긍정적이고 행복한 감정을 느끼는 것이 어색합니다. 원래 느끼는 패턴대로 느끼고 행동하는 것이 안전함을 주기 때문이에요.

정신분석가인 지크문트 프로이트(Sigmund Freud)는 이를 '반복강박'이라고 했습니다. 종종 알코올 중독인 아버지 밑에서 가정폭력과 심한 감정 기복을 보고 자란 딸이 성장해서 아버지와 비슷한 남편과 만나 결혼하게 되는 것도 비슷한 맥락이에요.

행복감을 느끼는 순간에 부정적 감정을 동시에 느낀 경험이 있는 경우에도 우리는 행복을 느끼는 것을 주저하게 됩니다. 저 역시도 그런 경험이 있었어요. 어렸을 때 여름휴가로 가족끼리 모처럼 근처 워터파크에 가기로 했습니다. 저는 며칠 전부터 그날만 손꼽아 기다리며 기대로 잔뜩 들떠 있었어요. 당일 아침 신나서 눈을 떴는데 하필이면 아침부터 폭우가 쏟아지는 거예요. 그날의 실망감을 아직도 잊지 못합니다. 그 감정이 너무 커서 그날 결국 비를 맞으며 워터파크에 갔는지 아니면 뭘 하며 보냈는지는 전혀 기억에 남아 있지 않아요.

그런데 신기하게도 그 실망감이라는 감정이 매번 여행을 준비하기 직전에 불현듯 떠오르는 거예요. 가족들과 근사한 휴가를 계획하고 기다리는 순간, 문득 내가 이렇게 행복해하면 갑자기 무슨 일이 생길지 모른다는 불안한 마음이 들었습니다. '내가 이 여행을 가기 위해서는 이렇게 설레고 행복하면 안 돼' 하는 정말 말도 안 되는 생각을 하고 있다는 것을 알아챘죠.

그 후로 저는 특히 소중한 사람들과의 관계나 경험에서의 큰 행복이 저의 불안이나 실망감과 깊이 연결되어 있다는 것을 깨닫고, 오히려 그 순간의 행복이나 불안을 느껴보려고 합니다. 불안을 느끼지 않으려고 행복을 애써 무시하거나 지나칠 필요가 없다는 것을 알게 된 것이죠. 우리의 감정은 너무나 미묘하고 부지불식간에 일어나기 때문에 그것을 알아채는 데는 꽤 오랜 시간이 걸릴 수 있어요.

B도 상담을 통해 자신의 감정을 살펴보면서 상대방의 호의를 의심하지 않고 그대로 받아들일 수 있게 되니 관계도 좋아지고 더 자주 행복감을 느끼게 되었습니다. 우리는 내 안의 감정을 천천히 들여다보는 것만으로도 사소하게 지나쳐버렸던 행복, 혹은 부정적 감정들 때문에 미처 깨닫지 못했던 행복을 더 충분히 느낄 수 있어요.

STEP 1 마주하기

01 나는 행복한 사람인가요?

내가 생각하는 행복은 무엇인가요?

_____

_____

_____

_____

내가 어떨 때 행복감을 느끼는지 잘 알고 있나요?

_____

_____

_____

_____

02 행복해서 불안한 적이 있나요?

_____

_____

_____

_____

STEP 2 깊이 보기

현재에서 행복 찾기

03 현재 이 순간에서 행복을 찾을 수 있나요?

나를 행복하게 하는 것(사물)은 무엇인가요? 가능한 한 구체적으로 적어보세요.

_____

_____

_____

_____

_____

나를 행복하게 하는 순간(행위)은 언제인가요? 가능한 한 구체적으로 적어보세요.

_____

_____

_____

_____

_____

나를 행복하게 하는 관계를 떠올려보세요. 누구와 함께할 때인가요?
가능한 한 구체적으로 적어보세요.

하루에 행복을 느끼는 시간은 얼마나 되나요?

---

04 행복해서 불안한 적이 있나요?

과거 행복 때문에 더 큰 실망감을 느낀 적이 있나요?

실망할까봐 두려워서 현재의 행복을 참으려 하나요? 기대하지 않으면
미래의 행복이 더 커질까요?

미리 행복하면 나중에 행복하지 못할까 봐 아껴두고 싶나요? 더 완벽한 행복을 기대하고 있나요?

지금의 행복과 미래의 행복이 다르다고 생각하나요? 다르다면 어떻게 다른가요?

누구도 미래를 장담할 수 없다면, 현재 행복을 누리는 것이 좋을까요?

행복을 참는 것이 좋을까요?

나의 행복을 방해하는 것은 무엇인가요?

가짜 행복

05 순간순간의 행복을 알아차리기가 너무 힘든가요? 기분이 좋지 않을 때

습관적으로 하는 행동이 있나요?

하루에 커피나 담배를 얼마나 자주 하나요?

_____

_____

_____

_____

_____

_____

하루에 핸드폰은 얼마나 자주 보나요?

_____

_____

_____

_____

_____

_____

_____

술에 취해있는 상태가 행복하다고 느껴서 종종 취하고 싶은 기분이 든 적이 있나요? 자주 그런가요?

게임, 쇼핑 등 짧은 행복을 위해 자주 하는 행동이 있나요?

습관적인 행동으로 인한 행복은 얼마나 오래 지속되었나요? 나를 행복하게 하는 것들과 비교해보세요.

술이나 담배 안에 포함된 물질이 우리 뇌에 작용해서 행복을 느끼게 하는 도파민을 분비합니다. 도파민 분비가 늘게 되면 우리는 그 행동에 쉽게 중독됩니다. 습관적으로 택배 주문을 하거나 쇼핑을 하는 것도 같은 맥락이에요.

택배를 주문하고 물건이 도착할 때까지 기다리는 시간이 마음을 두근거리게 하고 즐겁게 하죠. 그러나 물건이 도착하면 그 즐거움이 사라지게 되고, 다시 즐거움을 느끼기 위해 또 주문을 하게 됩니다. 이처럼 특정 물질이나 수단을 통해 행복을 얻는 것은 그리 오래가지도 않을뿐더러 그 행동 자체에 중독이 될 수 있다는 큰 문제점이 있습니다.

안정화 기법

06 과거 행복했던 순간을 떠올리며 행복을 다시 느껴보세요.

가장 행복했던 순간은 언제인가요?

TIP 심한 스트레스나 트라우마를 겪고 있을 때 사용하는 '안정화 기법'이 있습니다. 가장 행복했던 순간을 머릿속으로 떠올리면서 현재의 두려움, 공포, 불안을 이겨내는 것이에요. 살아오면서 가장 행복했던 순간을 떠올려보세요. 이미지로 떠올리면서 그때의 소리, 냄새, 촉각 등을 함께 느껴보세요.

상담을 하면서 행복한 장면을 떠올려보라고 하면 대다수가 사랑하는 누군가와 함께한 추억을 떠올립니다. 또는 아무런 압박도 받지 않고 혼자 있는 상태를 떠올리기도 하고, 반려동물의 심장 소리를 들으며 누워 있는 순간을 떠올리기도 합니다. 행복했던 순간의 기억은 떠올리는 것만으로도 우리의 마음을 진정시켜주고 현재의 스트레스를 견뎌낼 힘을 줍니다. 나만의 가장 행복했던 순간의 이미지를 구체적으로 떠올려보고 잘 기억했다가 힘든 순간 안정화 기법으로 사용해보세요.

우리는 자기가 행복하게 되기 위해서보다는
자기가 행복하다고
다른 사람들이 믿게 만들기 위해 애쓴다.

프랑수아드 라로슈푸코 (Francois de la Rochefoucauld)

06

수치심
Shameful

❝ 모멸감에 얼굴이 뜨겁고 손이 떨려요

생각만 해도 얼굴이 화끈거리고 부끄러운 순간들이 있습니다. 자기 전 침대에 누워 '이불킥'하게 되는 가벼운 수치심부터, 모욕감에 온몸이 부들부들 떨리고 눈물이 나오는 강한 수치심까지 경중이 다양하죠. 가벼운 수치심은 시간이 지나면서 옅어지지만 강한 수치심은 내면에 깊은 상처를 남깁니다.

수치심이란 감정은 나를 한없이 작게 만들고 초라하게 만들기 때문에 쉽게 상대의 눈을 바라보지 못합니다. 마음을 털어놓고 상담을 하러 온 장소에서조차 내담자들은 수치심이 드러나는 주제를 표현할 때 치료자의 시선을 회피하는 경우가 많아요. 허공을 바라보거나 땅바닥을 바라보며 독백을 하듯이 말을 내뱉죠. 수치심이 느껴지면 화들짝 놀라 상담을 돌연 중단하거나 그 주제를 피하고자 농담을 건네기도 하고 때론 정색하기도 합니다.

마치 발가벗은 상태로 사람들 앞에 서 있는 것과 비슷한 감정이에요. 정작 다른 사람들은 관심이 없는데 모두 자신만 바라보는 듯한 느낌에 안절부절못하게 되고, 자신을 비난하는 것도 아닌데 사람들의 시선에 굉장히 예민해지는 상태가 되는 거죠.

정신분석학자인 메리 에이어스(Mary Ayers)는 수치심으로 인해 자기 자신을 가혹하게 대하거나 사람들과의 관계를 망치는 것을 '자기 파괴적 수치심'이라고 했습니다. 수치심을 느끼게 되면 오랜 기간 그 감정에 압도되어 마음이 괴롭기 때문에 '내가 문제야'라며 스스로 상처입히거나 상대에게 화살을 돌리게 되는 것이죠.

상대방에게 매우 예민하게 행동하는 사람들과 대화를 나눠보면 '무시당했다는 느낌'이 곧 '수치심'으로 연결되는 경우가 많았습니다. 이때 상대가 얼마나 잘못했는지는 나중 문제이고, 중요한 것은 수치심에 상처 입은 마음을 어떻게 회복하느냐예요.

팀장에게 지적을 받은 A는 수치스러운 마음에 며칠간 잠을 이루지 못했습니다. 처음에는 '어떻게 나에게 그런 말을 할 수가 있지?'라며 화가 났습니다. 찬찬히 그 감정을 따라가 보니 '팀장이 나를 무시한다, 나를 인정해주지 않는다'라는 결론에 다다랐습니다. 계속해서 팀장이 인정해주지 않는 것이 왜 그렇게 괴로운지 살펴보니 스스로에 대한 믿음과 자신감이 부족해서 타인의 인정과 칭찬에 목말라했다는 사실을 알아차리게 됩니다. 이를 깨닫고 스스로 자신감을 키우기 위해 노력하니 언제부터인가 팀장의 말을 객관적으로 받아들일 수 있게 되었고 일의 능률도 올라갔습니다.

스스로 약한 부분이 어디인지 알아차리지 못한다면 내 감정을 조절하는 키를 타인에게 쥐여주는 것과 같습니다. 늘 나를 괴롭히는 사람들 때문에 행복할 수 없죠. '팀장은 왜 나만 미워할까?' '이렇게 열심히 하는데 사람들은 왜 알아주지 않는 걸까?'라는 생각에 갇혀 스스로 문제를 해결할 수 있다는 생각을 하지 못해요.

어딘가로 숨고 싶거나 상대를 탓하고 싶어진다면 심호흡하면서 속마음을 들여다보세요. 피하지 않고 마주할 때 심한 자기 비하나 강한 분노에서 빠져나올 수 있습니다.

마주하기

01 수치심을 느낀 순간에 대해 떠올려보세요. 어떤 순간에 수치심을 느꼈나요?

_____

_____

_____

_____

_____

_____

_____

_____

_____

_____

02 부끄럽고 모욕당했다는 느낌이 들었나요? 그것은 어느 쪽에 더 가깝나요?

① 부끄러움   ② 모욕

STEP 2 깊이 보기

부끄러움

03 나의 행동으로 인한 것인가요?

그것은 객관적으로 볼 때 부끄러움을 느낄 법한 일인가요?

_____

_____

_____

더 이상 부끄럽지 않게 지금이라도 할 수 있는 일이 있나요?

_____

_____

_____

_____

만약 나의 소중한 친구가 같은 상황에 처했다면 나는 어떤 위로의 말
을 건넬 수 있을까요?

_____

_____

_____

_____

모욕

04 누군가의 특정한 말이나 행동으로 인한 것인가요?

어떤 말이나 행동이었나요?

---

05 상대의 말이나 행동이 나의 어떤 부분을 건드렸다고 생각되나요?

상대의 말이나 행동으로 인해 가장 먼저 든 생각이나 감정은 무엇인

가요?

왜 그러한 생각이나 감정이 들었을까요?

_____

_____

_____

_____

_____

_____

계속해서 감정을 찬찬히 따라가며 나의 약한 부분이 무엇인지 살펴보
세요.

_____

_____

_____

_____

_____

_____

상대는 어떤 마음으로 그런 말이나 행동을 했을까요?

_____

_____

_____

_____

_____

_____

06 모욕적인 감정이 들 때 어떻게 반응했나요?

그 상황에서 적절하게 내 주장을 상대에게 말할 수 있었나요?

_____

_____

_____

_____

_____

_____

감정을 덮으려고 더 많이 화를 내는 편인가요? 아니면 자리를 피하는 편인가요? 이유는 무엇인가요?

_____

_____

_____

_____

_____

_____

07 갑을 관계로 인해 아무것도 하지 못했나요?

그때 나는 어떤 마음이었나요?

_____

_____

_____

_____

_____

_____

사실은 어떻게 반응하고 싶었나요? 어떻게 할 때 나의 마음이 가장 편
할까요?

08 상대가 나의 약한 부분을 휘두르지 못하게 하려면 어떻게 해야 할까요?
나를 가장 못 견디게 만드는 것은 무엇이었나요?

상대가 내 삶에서 중요한 사람인가요?

_____

_____

_____

_____

_____

_____

내가 어떤 상태일 때 혹은 어떤 사람일 때 상대의 말에 기분이 상하지

않을까요?

_____

_____

_____

_____

_____

_____

STEP 3 # 흘려보내기

09 상대의 말이나 행동으로 상처받은 나의 약한 부분을 보듬어주세요.
'나의 이런 부분 때문에 상대의 말에 더 크게 아팠던 것이구나' 라고 알
아차리는 것만으로도 좀 더 단단해질 수 있습니다.

_____

_____

_____

_____

_____

10 상대할 가치가 없는 사람의 말은 귀담아듣지 마세요. 속으로 '아닌데?
너의 말은 틀렸어. 너는 그저 남을 상처 주고 싶어 하는 불쌍한 사람이
야' 라고 생각해보세요.

_____

_____

_____

_____

_____

11 앞으로 똑같은 상황이 발생한다면 어떻게 행동할 것인지 머릿속으로
상상해보세요.

나는 힘과 자신감을 찾아 항상 바깥으로 눈을 돌렸지만,
자신감은 내면에서 나온다.
자신감은 항상 그곳에 있다.

안나 프로이트 (Anna Freud)

07

감사
Thankful

감사할 일이 없는데
무엇을 감사해야 하나요?

매사에 감사하라. 너무 진부한 말이라고 생각되나요? 내담자들에게 "오늘 감사할 만한 일이 있었나요?"라고 물어보면 "감사할 일이 있어야 감사하지요"라고 시큰둥하게 답합니다. 배려를 받거나 호의를 입은 일에 대해서도 "자기들이 편하려고 그랬겠죠" 혹은 "전에 제가 잘해준 일이 있어 돌려주는 것일 뿐이에요"라고 말하기도 해요.

우리는 감사를 표현하는 일이 상대를 위하는 것이라고 생각합니다. 상대를 기쁘게 해주기 위해서라거나 혹은 예를 갖추기 위해서 의무적으로 감사를 표현하는 것이라고 말이죠. 마치 '어른을 공경해야 한다'처럼 '주위에 감사를 표현해야 한다'를 배움이나 지식으로 이해한 것입니다.

'내가 왜 저 사람에게 감사해야 하지?' '저 사람이 나에게 감사받을 만한 행동을 했나? 그럴만한가?'라고 고민하고 생각하게 되는 것은, 감사함의 기준을 상대에 두기 때문이에요. 그러다 보면 내가 표현하는 감사함에 왠지 억울하고 손해 보는 느낌이 들 때가 있어요. 그럴 땐 감사함의 중심을 감사받는 상대에서 '나'로 바꿔보세요. '감사의 기준'을 나의 내면으로 옮겨보면 많은 것이 달라집니다. 당연하게 생각했을 때는 아무렇지 않았던 일들도 그 순간의 의미에 집중하고 감사함을 느끼게 되면 굉장히 의미 있는 순간으로 바뀝니다. 감사를 느끼는 것은 결국 '나'이기 때문이에요.

직장인 P는 과거에 자신이 아팠을 때 동료들의 배려 덕분에 며칠 간 일을 쉬었던 적이 있습니다. 당시 P는 몸이 아팠을 뿐만 아니라 정신적으로 무척이나 우울하고 불안한 상태였기 때문에 주변 사람들의 배려를 있는 그대로 받아들이지 못했어요. '내가 아파서 큰 병에 걸리게 되면 결국 그들이 책임질 일이 늘어나니까 자신들을 위해 나를 배려한 척한 것'이라고 생각했고 P의 우울한 마음은 더욱 깊어졌습니다.

이렇듯 내가 느끼는 감정은 내가 어떻게 생각하느냐에 따라 쉽게 좌우됩니다. '내가 쉬었기 때문에 저 사람이 일을 더 많이 했네. 저 사람은 이제 나를 미워할 거야'라고 생각하면, 배려를 받더라도 감사함을 느끼기보다는 죄책감이나 부담감을 느끼게 되죠. 이런 생각과 감정을 따라가면 '나는 이만한 일에 쉴 정도의 자격이 없는 사람이다' '나는 누군가에게 배려받을 정도로 소중한 사람이 아니다'라는 생각에 다다르게 됩니다.

'자기들도 전에 쉬었으니 이번에 내가 쉬는 건 너무나 당연한 일이지. 고마워할 일이 아니야'라고 생각한다면, 배려받더라도 정당성을 찾게 됩니다. 이런 생각과 감정을 따라가면 '나는 절대 손해를 보면 안 돼, 내가 내 몫을 챙기지 않으면 아무도 나 따위에는 관심이 없을 거야'라는 생각에 다다르게 됩니다.

나에 대한 믿음과 사랑이 충분하다면 '내가 아플 때 주위 사람들이 이렇게 배려해주는구나! 역시 난 배려를 받을 만한 소중한 사람이야! 이 조직에서 난 꼭 필요한 존재야'라고 온전히 감사함을 느낄 수 있습니다. 사소한 것 하나하나에 주의를 기울이고 감사를 표현하는 것은 그 누구를 위해서도 아닌 오로지 나를 위해서라는 것을 기억하세요. 내가 표현한 감사의 크기만큼 나를 사랑하게 될 거예요.

STEP 1 마주하기

01 오늘 하루 감사함을 느낀 순간이 있었나요? 생각나는 대로 적어보세요.

_____

_____

_____

_____

_____

_____

02 최근에 감사함을 느꼈던 일은 무엇인가요? 최소 3가지 이상 적어보세요.

_____

_____

_____

_____

_____

_____

_____

STEP 2 깊이 보기

03 딱히 감사할 일이 떠오르지 않나요?

오늘 하루 '별일 없이 잘 지나갔다'라고 느껴지나요? 아침에 눈 떠서 잠
들기 전까지 순간순간을 머릿속에 떠올려보세요. 큰 사건이나 사고 없
이 하루를 잘 마무리할 수 있는 것에 대한 감사함을 느껴보세요.

사회는 여러 구성원이 함께 도우며 살아가는 곳입니다. 내가 무탈한 하루를 보내는 데 도움을 준 사람들이 있나요? 그들의 수고에 감사함을 느껴보세요.

내가 사랑하는 사람들이 주위에 있나요? 그들이 건강하게 내 곁에서 소통할 수 있는 것도 당연한 것이 아닙니다. 그들이 내 곁에 있다는 그 사실 자체에 감사함을 느껴보세요.

04 소중함을 잊고 있지는 않나요?

감사함이 반복되어 소중함을 느끼지 못할 수 있습니다. 누군가의 선의

를 당연하게 받고 있지는 않나요? 나를 위해 선의를 베푼 사람들과 그

들의 마음을 적어보세요. 그 사람들은 나에게 어떤 마음이었을까요?

감사도 노력이다

05 늘 반복되는 일상에서는 감사함을 놓치기 쉽습니다. 일상에 사소한 변화를 주는 것은 어떨까요? 지금 당장 내가 할 수 있는 것들을 적어보세요.

ex. 같은 음식이라도 예쁜 그릇에 담아서 먹기

새로운 향이 나는 샴푸나 비누를 사용해서 씻기

귀갓길에 한 정거장 일찍 내려서 집까지 천천히 걷기

무심히 지나치던 가로수의 잎사귀의 색을 통해 계절을 느끼기

TIP 우리의 뇌는 변화에 반응하기 때문에 어제와 오늘이 똑같다고 느끼면 감사로 인한 기쁨을 느끼기 어렵습니다. 그럴 땐 '모든 것이 당연한 것은 없다'라고 생각해보세요. 갑자기 허리를 삐끗해서 잘 걷지 못하거나 체해서 음식을 먹지 못하게 되면, 평소 자유롭게 잘 걸어 다닐 수 있는 게 얼마나 행복한 일인지, 맛있는 음식을 편안하게 먹을 수 있는 게 얼마나 감사한 일인지 깨닫게 됩니다. 그것은 당연하다고 생각했던 것들이 당연해지지 않을 때 비로소 알게 되는 것이죠. 일상을 살아가는 순간순간에 집중하고 소중함을 느껴보세요.

06 최근 주위 사람에게 감사한 마음을 표현해 본 적이 있나요? 지금 당장
할 수 있는 것부터 적어보세요.

ex. 사랑하는 가족이나 동료들에게 따뜻한 인사말 건네기

작은 선의에도 고맙다고 말하기

바빠서 자주 만나지 못한 사람들과 약속을 잡아 함께 식사하기

07 감사한 마음은 여유로움에서 나오기도 합니다. 일상에서 감사함을 느낄 수 있는 시간을 만들어보세요.

ex. 하루 한 번 하늘 보기

한 정거장 전에 내려서 음악 들으며 걷기

자기 전 오늘 하루 해낸 작은 성과를 떠올리며 스스로 격려하기

___

TIP 우리의 뇌는 예측된 일에 대해서는 기쁨을 잘 느끼지 못합니다. 심지어 예측한 대로 이루어지지 않으면 불쾌감이 들지요. 수분마다 정확하게 도착하는 지하철을 타면서도 우리는 감사함을 느끼지 못합니다. 당연하다고 생각하기 때문이에요. 그러다 어떤 사고로 예측에서 엇나가서 지하철이 연착하면 굉장한 불쾌감과 짜증을 느낍니다. 그런데 생각을 조금 바꿔보세요. '지하철이 정확하게 잘 도착하는 것이 얼마나 많은 사람들의 수고로 이루어질까? 그 덕분에 나는 일이나 약속을 잘 지킬 수 있어 얼마나 감사한가.' 내 뇌가 기쁨과 감사를 더 잘 느낄 수 있도록 기준선의 변화를 주는 셈이에요. 생각의 변화만 주어도 그 순간에 오롯이 집중하고 감사함을 느낄 수 있습니다. 감사를 느끼는 것은 결국 나를 위해서라는 것을 잊지 마세요.

감사하는 법을 배울 때
우리는 인생에서 나쁜 일이 아니라
좋은 일에 집중하는 법을 배우게 된다.

에이미 밴더빌트(Amy Vanderbilt)

08

질투

Envy

친한 친구인데 가끔 얄밉고 질투 나요

'사촌이 땅을 사면 배가 아프다'라는 속담이 있습니다. 주위의 가까운 누군가와 나를 비교하는 마음은 예나 지금이나 똑같은 것 같아요. 가까운 내 가족이, 친한 친구가 성공했다는 말을 들으면 같이 기뻐하고 축하해주다가도 마음속 깊이 스멀스멀 질투심이 올라오는 것을 느낄 때가 있어요. 그럴 땐 괜히 스스로 위축되고 마음이 힘들어지죠.

J는 어려서부터 건강이 좋지 않았습니다. 여러 차례 입원하고 수술하느라 대학도 8년 만에 졸업했고 지금도 수년째 취업 준비 중입니다. 취준생으로 살아가는 자신이 때때로 초라하게 느껴지던 찰나, 두 살 차이 나는 친오빠가 전문자격시험에 합격했습니다. J의 가족들은 모두 함께 기뻐하며 오빠를 축하했고, J 역시 축하한다고 말해주었습니다. 그러나 마음 한편으로는 자기 모습과 너무 비교되어서 힘들었습니다.

부러워하는 마음이나 질투심은 결국 스스로 생각하는 내면의 결핍과 연결되어 있습니다. 내가 어떤 부분을 부러워하는가를 통해 스스로 어떤 부분을 소망하는가를 알아챌 수 있어요.

E는 우연히 딸과 동행한 지인을 만나 식사를 하게 되었습니다. 지인이 주문한 찌개를 지인의 딸이 스스럼없이 수저로 떠먹자 E는 지인의 딸이 왠지 모르게 거슬렸다고 합니다. 요즘 젊은이들은 나이가 들면 부모와 거리를 두는데 너무 친하게 지내는 게 이상했죠. 그리고 위생적으로도 같이 찌개를 떠먹는 게 이해가 되지 않았습니다. 그냥 지나칠 수도 있는 모습이었지만 왠지 모르게 오랫동안 마음에 남아 있었는데 감정을 세밀하게 따라가 보니, 지인과 딸의 관계를 부러워하는 마음에서 비롯된 감정임을 깨닫게 되었습니다.

부러움은 때때로 부러움을 느끼고 싶어 하지 않는 우리의 마음이 그 대상을 괜히 비난하거나 미워하는 마음으로 드러나기도 합니다. E가 지인의 딸을 은근히 비난하고 냉소적인 태도를 보였던 이유는 내가 당장 가질 수 없는 것을 소망하느니 그것을 평가절하하는 것이 마음이 더 편하기 때문이에요. 이솝우화에서 포도를 따 먹으려다 실패한 여우가 '어차피 저 포도는 엄청나게 시어서 못 먹을 게 뻔해'라고 말하는 것처럼 말이에요. 이것을 심리학적 용어로 '인지부조화'라고 해요.

E는 무뚝뚝하고 엄하신 아버지 밑에서 자랐기 때문에 사이가 좋아 보이는 지인과 딸의 모습에 질투심을 느낀 거예요.

E는 아버지가 자신을 챙겨주지 않아도 어쩔 수 없다고 생각했습니다. 누군가 내 마음을 알아주거나 챙겨주지 않더라도 스스로 잘 해낼 수 있다고 생각했죠. 스스로 사랑받고 싶은 욕구나 소망 등을 인정하지 않는다고 해서 그런 감정이 없어지는 것은 아닙니다. 마음속 깊이 자리 잡고 있다가 우연한 기회에 자극이 되어 누군가가 괜히 밉고 거슬리는 마음으로 드러나게 됩니다.

스스로 원하는 것이 무엇인지 알아채지 못할 때 우리는 많은 사람들이 선호하는 가치에 비중을 두게 됩니다. 남들이 다 좋다고 하는 대학이나 직장에 가고 싶어 하고, 명품이나 매우 값비싼 물건을 갖고 싶어 하죠. 하지만 사람들이 선호하거나 열광하는 것을 따라가다 보면 부러운 마음이나 질투심이 사라지기 힘들어요. 내가 가진 것보다 더 좋은 것은 항상 있기 마련이니까요. 누군가가 부러워지는 마음을 그대로 인정하고 좀 더 나아가 내면의 소망을 알아채는 기회로 만들어보세요.

STEP 1 마주하기

01 **누군가가 너무 부럽고 샘이 났나요?**

어떤 상황에서 누구에게 그런 감정이 들었나요?

02 **내가 상대에게 느낀 감정은 어느 쪽에 가깝나요?**

① 계속 눈에 거슬리고 짜증난다

② 마음이 불편하고 위축되며 자리를 피하고 싶다

STEP 2 깊이 보기

짜증이 난다면

03 구체적으로 상대의 어떤 부분이 짜증나요?

거슬리는 말이나 행동이 있나요?

_____

_____

_____

_____

_____

_____

04 상대의 말이나 행동을 비난하고 싶나요?

상대에게 하고 싶은 말은 무엇인가요? 그리고 나의 비난으로 상대가

어떻게 하기를 바라나요?

_____

_____

_____

_____

_____

_____

내가 원하던 대로 되면 어떨 것 같나요?

상대의 말이나 행동이 객관적으로 잘못된 행동인가요? 아니라면 나는 왜 그렇게 느낄까요? 거슬리는 이유가 부러움 때문일 수 있습니다. 상대의 어떤 부분에 부러운 마음을 느꼈나요?

결국 내가 갖고 싶은 것은 무엇인가요?

05 마음이 불편해 자리를 피하고 싶은 대화 주제가 있나요?

사람들이 하는 말 중 나를 주목해서 하는 말이나 나와 관련된 얘기가 아

닌데도 불구하고 괜히 신경 쓰이고 마음에 오래 남는 내용이 있나요?

___

피하고 싶은 이유가 나의 결핍으로 인한 것일 수 있습니다. 나의 결핍

은 무엇인가요?

___

STEP 3 **흘려보내기**

06 다른 사람에게 향하고 있던 마음의 화살을 나에게로 돌려보세요.
나의 외적인 모습과 내면의 모습 사이에 어떠한 괴리가 있었나요?

_____

_____

_____

_____

_____

_____

_____

_____

_____

_____

_____

TIP 질투심은 종종 '내가 부러워하고 있어!'라고 바로 느껴지지 않을 수도 있습니다. 누군가가 너무 부럽고 샘이 난다는 감정을 그대로 드러내기 힘들기 때문이지요. 질투심은 때때로 타인에 대한 비난이나 과도하게 엄격한 잣대로 드러나기도 합니다. 갑자기 어떤 상황이 불편해지거나 혹은 특정인에게 화가 나고 얄미울 때, 그 감정을 가만히 따라가 보세요. 부러운 마음을 통해 나의 소망이 무엇이었는지 알아챌 수 있습니다. 다른 사람을 미워하고 화를 내는 대신 자신의 소망을 알아차리고 살펴주세요.

질투하는 마음을 통해 알아챈 나의 소망은 무엇이었나요? 그리고 그

것은 나에게 얼마나 중요하고 가치 있는 것인가요?

그것을 충족시키려면 앞으로 어떻게 해야 할까요?

인생은 거울과 같으니,
비친 것을 밖에서 들여다보기보다
먼저 자신의 내면을 살펴야 한다.

월리 아모스(Wally Amos)

09

외로움
Lonely

"

이 세상에 나 혼자 남겨진 것 같아요

인간은 끊임없이 타인과 상호작용을 하면서 관계를 유지하고 어울리며 살아가는 사회적 동물이죠. 외로움이란 이러한 관계의 부재로 인해 발생하는 고통스러운 감정입니다.

내담자들과 상담을 이어가면서 꼭 물어보는 질문들이 있습니다.

"걱정거리가 있을 때 나눌 사람이 있나요?"

"즐거운 일 외에 슬프거나 힘든 일이 있을 때 편하게 말할 수 있는 사람이 있나요?"

우리는 누군가와 함께할 때 즐거운 감정이 더욱 확장되고 힘든 감정은 줄어든다는 것을 알고 있지만 '나도 이렇게 힘든데 내 감정을 누군가와 나누게 되면 듣는 사람이 힘들어지지 않을까?' '힘들어하는 모습을 보며 내가 견딜 수 있을까?'라는 생각 때문에 고통스럽고 힘들수록 고립되려고 해요.

사람들은 무의식적으로 외로움을 느끼지 않기 위해 다른 것에 몰두합니다. 더 열심히 일하기도 하고 사람들과 만나 괜찮은 척 즐거운 척 애를 쓰죠. 그렇게 노력하다가 집에 들어오면 기운이 빠지고 소진되는 느낌을 받게 됩니다. 그럼에도 해결되지 않는 공허하고 텅 빈 느낌을 피하기 위해 지나치게 쾌락에 집중하기도 합니다. 성적 행위, 도박, 음주 등 쾌락을 좇는 자기 파괴적 행동을 하는 것이죠. 그러나 외로움을 피하려고 했던 시도들은 상황을 악화시켜 이전보다 더 외로워지는 딜레마에 빠지게 됩니다.

어린 시절에 겪는 외로움은 안전과도 직결되어 있어요. 어릴 때의 외로움이란 반드시 보호자가 필요한 시기에 지켜주거나 보호해줄 사람이 없었다는 것을 의미해요.

J의 어머니는 우울증을 오래 앓았습니다. 우울증이 심해지면 J를 제대로 돌보지 못했고 오랜 기간 집을 비운 적도 많아서 어린 시절 J는 혼자서 모든 것을 해내야 했어요. 나를 돌봐주는 사람이 갑자기 사라지는 경험했던 J는 어머니의 눈빛이 공허해지고 무기력해 보이면 덩달아 긴장하게 되었습니다. 또 혼자가 될까 봐서요.

결혼 후 J는 배우자에게도 비슷한 감정을 느끼고 있다고 합니다. 배우자가 우울해 보이거나 아파하면 자신도 모르게 극도로 예민해졌어요. J에게 사랑하는 사람이 아프다는 것은 곧 내가 외로워진다는 것을 의미했기 때문입니다.

스스로 외롭다는 것을 알아채고 인정하는 것 이상으로 외로움을 상대에게 표현하는 것은 정말 힘든 일이에요. J는 자신의 외로움을 표현하지 못하고 대신 배우자를 비난하거나 오히려 냉담하게 거리를 두는 것을 택했다고 합니다. 이로 인해 J의 배우자 역시 외로움을 느끼게 되는 악순환에 빠지게 되었죠.

외로움을 해결하기 위해서는 역설적으로 스스로 공허함, 외로움, 쓸쓸함을 느끼고 인정해야 합니다. 그리고 이를 밖으로 꺼낼 수 있어야 해요. 그래야 비로소 상대와 연결되는 법을 발견하고 시도할 수 있습니다. 어떤 순간에 내가 외로운지, 그 외로움을 어떻게 표현하고 싶은지 아는 것은 정말 중요하고 꼭 필요한 일이에요.

마주하기

01 외로움이 짙어지는 순간을 떠올려보세요. 어떤 마음이 들었나요?
무엇이 나를 가장 힘들게 하나요?

_____

_____

_____

_____

_____

_____

02 혼자라서 외롭나요? 아니면 누군가와 함께하는데도 외롭다고 느껴지
나요?

_____

_____

_____

_____

_____

_____

STEP 2 깊이 보기

03 **마음이 쓸쓸하고 외로운 순간이 있었나요?**

최근 가까이 지낸 사람들과 멀어지게 되었나요?

_____

_____

_____

_____

_____

내 곁에 아무도 없는 것 같아 삶이 허무하다고 느꼈나요?

_____

_____

_____

_____

_____

_____

다시 누군가와 연결될 수 없을 것 같다는 생각에 불안한가요?

_____

_____

_____

_____

_____

_____

_____

함께하고 싶은 누군가가 있나요? 함께하지 못하는 이유가 있나요?

_____

_____

_____

_____

_____

_____

_____

마음을 나눌 수 있는 상대가 있다면 무엇을 하고 싶나요?

04 같이 있는데도 혼자 있는 기분인가요?

아무도 나를 이해하지 못하는 것 같아 답답한가요?

누구에게 가장 이해받고 싶나요? 그 사람은 나에게 어떤 사람인가요?

상대와 소통이 되지 않는다고 느끼나요? 왜 그렇게 느꼈나요?

그 사람과 평소 어떻게 소통하고 있나요?

_____

_____

_____

_____

_____

심리적 거리감을 줄이기 위해 무엇이 필요할까요?

_____

_____

_____

_____

_____

05 나의 외로움을 상대에게 털어놓았나요?

나의 외로움이나 속마음을 소중한 사람에게 표현한 적이 있나요?

표현하지 못했다면 이유가 무엇일까요?

표현했음에도 아무런 변화가 없었나요? 전달하는 방식에 문제가 있었

을까요?

나는 상대에게 어떤 반응을 기대했나요?

흘려보내기

06　'인생은 외로움을 견디는 일'이라는 말이 있습니다. 누구나 외로운 순
　　간이 있고 이는 잘못된 것이 아닙니다. "혼자서도 괜찮아, 나 혼자서도
　　다양하게 즐거운 일을 할 수 있어"라고 말해보세요.
　　혼자여서 좋은 일은 어떤 것이 있나요?

_____

_____

_____

_____

_____

07　꼭 함께 있지 않아도 누군가와 함께하고 있다는 기분이 들 수 있습니
　　다. 존재만으로도 나에게 힘이 되는 사람이 있나요?

_____

_____

_____

_____

_____

08 혼자 있어서 외로운 게 아니라 혼자 있고 싶지 않아서 외로운 겁니다.
다른 사람을 통해 나에게 채우고 싶은 것은 무엇인가요?

09 다른 사람과 소통하고 싶을 때 내가 할 수 있는 일은 무엇이 있을까요?

당신이 가장 두려워하는 것을 찾아라.
진정한 성장은 그 순간부터 시작된다.

카를 구스타프 융(Carl Gustav Jung)

10

사랑
Love

분명 사랑하는데 자주 싸워요

"너무 우울하고 무기력했지만, 사랑하는 가족들을 생각하면서 이겨냈어요."

"우리 고양이가 없었다면 제가 견뎠을지 모르겠어요. 가족보다 더 소중해요."

"저를 사랑해주는 애인 덕분에 힘을 낼 수 있었어요."

진심으로 누군가를 사랑하고 누군가에게 사랑받는 느낌은 실제로 큰 힘을 가지고 있습니다. 우울하고 죽고 싶을 정도로 힘든 상황에서도 사랑하는 사람 혹은 나를 사랑해주는 사람을 떠올리면 아무리 괴롭고 고통스러운 일도 기꺼이 감수할 수 있는 용기가 생기죠.

누군가를 사랑하고 사랑받는 감정은 나 자신 역시 소중하게 생각하고 돌보게 하는 힘을 가지고 있습니다. 자존감이 낮고 매사를 쉽게 자신의 탓으로 여기던 사람이 처음으로 자신을 인정해주고 사랑해주는 사람을 만나게 되면서 우울증을 치료하기로 결심하는 사례도 무수히 많아요.

사랑이란 너무나 벅차고 좋은 감정임이 틀림없지만, 누군가를 사랑하거나 사랑받는 경험이 익숙하지 않은 경우 때때로 그 감정이 두렵고 부담스럽기도 합니다. 그리고 종종 '이 사랑이 영원할까? 변하는 건 아닐까?' 하는 마음에 테스트해보고 싶은 마음이 생겨요.

P는 수년째 교제 중인 연인이 있습니다. 부부관계가 좋지 않았던 부모님 밑에서 자란 P는 결혼할 생각이 전혀 없었는데 현재의 연인을 만나면서 생각이 바뀌었죠. 자신을 진심으로 사랑해주는 상대를 만나 너무 행복했습니다. 부모님으로부터 충분히 받지 못했던 관심과 사랑을 보상하고도 남을 정도로 사랑받는다고 느꼈어요.

그런데 결혼을 앞두고 P는 기대와 설렘을 느끼면서 동시에 불안함도 느꼈다고 합니다. 이렇게 벅찬 감정을 느꼈는데 이 사랑이 진짜가 아니면 견딜 수 없을 것 같았죠. 불안한 나머지 P는 연인이 자신을 정말로 사랑하는지 끝없이 시험했습니다. 갑자기 무리한 요구를 하며 들어주는지 확인하고 이유 없이 화를 내거나 짜증을 내기도 했어요. 급기야 P는 연인의 부모님을 비난하기도 했는데, 그럼에도 자신을 이해해주고 인정해준다면 진짜 사랑하는 거라고 믿었기 때문이었어요. 결국 지나친 P의 감정표현으로 두 사람은 크게 다투고 헤어지고 말았습니다.

우리는 누군가를 사랑할 때 오롯이 그 감정에 집중하지 않고 그것이 진짜인지 아닌지 자꾸 확인하려고 해요. 특히나 누군가를 깊이 사랑하고 사랑받은 경험이 많지 않은 경우 그 경험이 낯설어서 자꾸만 익숙한 외로움이 주는 고통으로 돌아가고 싶은 반동을 느끼기도 합니다. 아이러니하게도 우리의 마음은 그것이 아무리 고통스럽더라도 익숙한 것에 끌리게끔 되어 있기 때문이에요.

또 하나 우리가 놓치는 중요한 사실은 제아무리 사랑으로 맺어진 관계라 하더라도 그 사랑을 지키기 위해서는 꾸준한 노력이 필요하다는 것이에요. 사랑을 느끼고 확인하고 지키기 위한 노력 말이죠.

어린아이를 양육하는 부부 사이에서는 이를 놓치고 있는 경우가 특히 많아요. 아이를 키우고 돌보고, 집안일을 처리하다 보면 부부 사이의 감정을 확인하고 나눌 여유가 점차 사라지게 되고 어느샌가 부부가 아니라 누군가의 엄마, 아빠, 누군가의 사위, 며느리로만 존재하게 되는 거죠. '말하지 않아도 알고 있겠지'라며 넘기지 말고 서로의 마음을 살피고 아낌없이 감정을 표현하세요. 다른 감정과 마찬가지로 사랑 역시 늘 돌아보고 돌봐주어야 하는 감정이에요.

STEP 1 마주하기

01 지금 사랑하고 또 사랑받고 있나요?

사랑하는 존재가 있나요? 그 사람은 누구인가요?

_____

_____

_____

_____

_____

_____

_____

02 상대방의 사랑을 계속 확인하고 싶나요? 그 이유는 무엇인가요?

_____

_____

_____

_____

_____

_____

_____

STEP 2 깊이 보기

사랑하기

03 **사랑하는 존재가 있나요?**

그 사람은 나에게 어떤 존재인가요?

_____

_____

_____

_____

_____

_____

그 사람을 생각하면 어떤 기분이 드나요?

_____

_____

_____

_____

_____

_____

04 사랑을 자주 표현하는 편인가요?

_____

_____

_____

_____

_____

_____

_____

05 사랑을 어떤 방식으로 표현하고 있나요?

_____

_____

_____

_____

_____

_____

_____

_____

06 내가 표현하는 사랑을 상대는 어떻게 느끼고 있을까요?

_____

_____

_____

_____

_____

_____

사랑받기

07 상대방의 사랑을 계속 확인하고 싶나요?

상대가 나에게 확신을 주지 않나요? 어떤 확신을 받고 싶나요?

_____

_____

_____

_____

_____

_____

_____

언젠가 사랑이 식을까 봐 두렵나요? 왜 그렇게 생각하나요?

08 상대는 사랑을 어떤 방식으로 표현하고 있나요?

09 나는 어떨 때 사랑받고 있다고 느끼나요?

10 그 사실을 상대도 알고 있나요?

11 내가 사랑하는 방식과 상대가 사랑하는 방식을 떠올려보세요.

상대가 원하는 방식이 무엇인지 알고 있나요?

_____

_____

_____

_____

_____

_____

나는 상대에게 내 사랑을 잘 표현하고 있나요?

_____

_____

_____

_____

_____

_____

12 사랑하는 방식이 서로 다른 경우 잘 조율하고 있나요?

현재 사랑하는 사람과 나와의 관계를 떠올려보세요. 상대를 고려하지

않고 일방적인 사랑을 표현하고 알아달라고 한 적은 없나요?

사랑을 표현할 때 상대를 먼저 존중하고 있나요?

TIP 감정은 서로 주고받는 것이고 서로의 '감정 조율'이 가장 중요하다는 것을 잊지 마세요. 사랑한다고 하면서 내 방식대로 내 뜻대로 상대를 변화시키려는 사람들이 많습니다. 누군가를 사랑한다는 것은 그를 있는 그대로 존중하고, 그의 마음을 이해하려고 노력하며, 그가 좋아하는 것을 함께 나누는 것임을 잊지 마세요.

사랑을 표현하고 사랑을 잘 받아들이는 것도 연습이 필요합니다. 내 감정을 천천히 들여다보면서 내가 사랑하는 사람의 마음도 잘 관찰해보세요. 그리고 표현하세요. 사랑한다고 해서 눈빛만으로 모든 것을 알 수 없습니다. '오랜 기간 서로 사랑했다면 이 정도는 알아야 하는 것 아니야?'라는 마음은 서로의 마음이 통하는 것을 방해합니다. 사랑이란 내가 원하는 방식대로 표현하는 것이 아니라 상대를 존중하는 감정이라는 것을 항상 기억하세요.

13 어떤 사랑을 하고 싶나요?

아마도 사랑할 때 우리가 경험하는 감정은
우리가 정상임을 보여준다.
사랑은 스스로 어떤 사람이 되어야 하는지를 보여준다.

안톤 체호프 (Anton Chekhov)

또 하나의 나, 감정에게

2023. 5. 17. 초 판 1쇄 인쇄
2023. 5. 24. 초 판 1쇄 발행

지은이 | 김민경
펴낸이 | 이종춘
펴낸곳 | [BM] ㈜도서출판 **성안당**

주소 | 04032 서울시 마포구 양화로 127 첨단빌딩 3층(출판기획 R&D 센터)
     10881 경기도 파주시 문발로 112 파주 출판 문화도시(제작 및 물류)

전화 | 02) 3142-0036
      031) 950-6300
팩스 | 031) 955-0510
등록 | 1973. 2. 1. 제406-2005-000046호
출판사 홈페이지 | **www.cyber.co.kr**
ISBN | 978-89-315-5993-4 (03190)
정가 | 18,000원

이 책을 만든 사람들
책임 | 최옥현
기획 · 편집 | 심보경
디자인 | 지완
홍보 | 김계향, 유미나, 이준영, 정단비
국제부 | 이선민, 조혜란
마케팅 | 구본철, 차정욱, 오영일, 나진호, 강호묵
마케팅 지원 | 장상범
제작 | 김유석

■ 도서 A/S 안내

성안당에서 발행하는 모든 도서는 저자와 출판사, 그리고 독자가 함께 만들어 나갑니다.
좋은 책을 펴내기 위해 많은 노력을 기울이고 있습니다. 혹시라도 내용상의 오류나 오탈자 등이 발견되면 **"좋은 책은 나라의 보배"**로서 우리 모두가 함께 만들어 간다는 마음으로 연락주시기 바랍니다. 수정 보완하여 더 나은 책이 되도록 최선을 다하겠습니다.
성안당은 늘 독자 여러분들의 소중한 의견을 기다리고 있습니다. 좋은 의견을 보내주시는 분에는 성안당 쇼핑몰의 포인트(3,000포인트)를 적립해 드립니다.
잘못 만들어진 책이나 부록 등이 파손된 경우에는 교환해 드립니다.